DA PROMESSA DE FUTURO À SUSPENSÃO DO PRESENTE

Dados Internacionais de Catalogação na Publicação (CIP)
(Câmara Brasileira do Livro, SP, Brasil)

Oliveira, Dalila Andrade
　　Da promessa de futuro à suspensão do presente : a teoria do capital humano e o Pisa na educação brasileira / Dalila Andrade Oliveira. – 1. ed. – Petrópolis, RJ : Editora Vozes, 2020. – (Série Manuais Acadêmicos)

　　Bibliografia.
　　Índice
　　ISBN 978-65-5713-052-0

　　1. Capital humano 2. Educação – Brasil 3. Gestão educacional 4. Avaliação educacional 5. Política e educação 6. Professores – Educação – Brasil I. Título II. Série.

20-44137   CDD-371.2

Índices para catálogo sistemático:
1. Gestão educacional e práticas pedagógicas :
Educação   371.2

Aline Graziele Benitez – Bibliotecária – CRB-1/3129

DA PROMESSA DE FUTURO À SUSPENSÃO DO PRESENTE

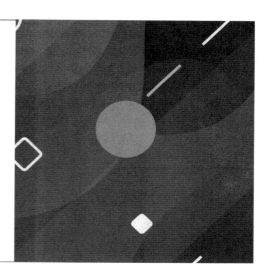

A teoria do capital humano e o Pisa na educação brasileira

DALILA ANDRADE OLIVEIRA

Petrópolis

© 2020, Editora Vozes Ltda.
Rua Frei Luís, 100
25689-900 Petrópolis, RJ
www.vozes.com.br
Brasil

Todos os direitos reservados. Nenhuma parte desta obra poderá ser reproduzida ou transmitida por qualquer forma e/ou quaisquer meios (eletrônico ou mecânico, incluindo fotocópia e gravação) ou arquivada em qualquer sistema ou banco de dados sem permissão escrita da editora.

CONSELHO EDITORIAL

Diretor
Gilberto Gonçalves Garcia

Editores
Aline dos Santos Carneiro
Edrian Josué Pasini
Marilac Loraine Oleniki
Welder Lancieri Marchini

Conselheiros
Francisco Morás
Ludovico Garmus
Teobaldo Heidemann
Volney J. Berkenbrock

Secretário executivo
João Batista Kreuch

Editoração: Elaine Mayworm
Diagramação: Sheilandre Desenv. Gráfico
Revisão gráfica: Alessandra Karl
Capa: Editora Vozes

ISBN 978-65-571-3052-0

Editado conforme o novo acordo ortográfico.

Este livro foi composto e impresso pela Editora Vozes Ltda.

Passado, presente e futuro

Só o passado verdadeiramente nos pertence.
O presente... O presente não existe:
Le moment où je parle est déjà loin de moi.
O futuro diz o povo que a Deus pertence.
A Deus... Ora, adeus!

Manuel Bandeira

Para minha mãe Conceição.
Para minhas filhas Bárbara e Luciana.

SUMÁRIO

Prefácio, 9

Introdução, 17

1 A teoria do capital humano e seus desdobramentos no Brasil, 23

2 A teoria do capital humano na pesquisa em educação no Brasil, 42

3 A teoria do capital humano e sua difusão pelos organismos internacionais – O Pisa como tecnologia de poder, 59

4 A teoria do capital humano e a nova gestão pública no contexto brasileiro, 86

5 Da promessa de futuro à suspensão do presente – Notas conclusivas, 105

Referências, 113

Índice, 123

Prefácio

Thomas S. Popkewitz

Universidade de Wisconsin-Madison

Meu interesse é na sociologia política do conhecimento, particularmente com as ciências. Desde o século XIX, a ciência é relacionada à ideia de progresso da modernidade e às possibilidades de promoção do Estado de bem-estar. Essa relação para governar continua na atualidade como "um ator", no sentido da razão da pesquisa como geradora de princípios que ordenam e classificam as (im)possibilidades de experiência e mudança. Na educação, há uma tendência em omitir que uma característica marcante da escola moderna seja a inscrição das ciências da criança e das psicologias na formação da educação de massa.

É essa preocupação com a política de pesquisa e a escolarização que o significante livro *Da promessa de futuro à suspensão do presente – Teoria do capital humano e o Pisa na educação brasileira*, da Professora Dalila Andrade Oliveira torna aparente. O livro enfoca o Programa de Avaliação Internacional de Estudantes (Pisa) da Organização para a Cooperação e o Desenvolvimento Econômico (Ocde), na orientação das políticas de educação no Brasil. Os princípios epistêmicos e os objetos ontológicos do Pisa têm presença no contexto global para comparar os sistemas educacionais nacionais em conhecimento, habilidades e bem-estar, presumidos como padrões que os estudantes precisarão para sua futura competência global. As avaliações estão vinculadas a modelos sistêmicos de melhoria educacional que se baseia em antecipar as habilidades para uma *good life*: prosperidade econômica, felicidade individual e igualdade social. O livro de Dalila Andrade Oliveira torna visível como a profecia do Pisa sobre o futuro previsto é um fantasmagrama, um projeto paradoxal de intervenções sociais e culturais do imaginário utópico, construído sobre suas próprias impossibilidades.

Este Prefácio aborda quatro questões históricas e políticas importantes na análise do livro da Professora Dalila Andrade Oliveira. Primeiro, o Pisa não aborda o presente. Ele suspende o presente para envolver afetivamente um imaginário de salvação e redenção diante da crise imaginada. Segundo, as complexas práticas classificatórias do Pisa são *uma fantasmagoria, um imaginário do futuro que evoca esperanças e desejos impossíveis de serem realizados*. Terceiro, as avaliações envolvem um aparato particular de ciências sociais. A vida social é vista como laboratórios experimentais nos quais os números e gráficos funcionam como "pontos de dados" do Pisa ou centros de cálculo. Esses centros de cálculo são da sociedade e populações imagenherizadas (imaginadas + projetadas). O enquadramento epistêmico dos cálculos é realizado através da teoria de sistemas, da cibernética e das tecnologias de observação em massa. Quarto, paradoxalmente, as alegações sobre as potencialidades da *good life* e da igualdade incorporam um estilo comparativo de raciocínio que produz exclusões e abjeções como princípios de igualdade.

1) *O afeto das avaliações: imagens de apreensão do futuro* – Duas perguntas assombram as características do Pisa: (A) Como é possível que uma agência internacional, localizada em

Paris, torne-se um *local hero*[1] em muitos países, ensinando como as pessoas podem "ver" seu futuro? E, como Dalila Andrade Oliveira bem argumenta sobre os efeitos da educação para a economia, (B) *quais as práticas complexas que permitem acreditar e agir sobre as possibilidades de a educação brasileira atuar na lógica do Pisa que reduz as complexidades da vida social a uma narrativa econômica?*

Faço essas duas perguntas para enfocar inicialmente na estrutura afetiva do Pisa da Ocde e, nas seções seguintes, exemplificarei sua ligação com o conhecimento cognitivo do Pisa. Essa estrutura afetiva direciona a atenção para as imagens do Pisa de um futuro antecipado e imaginado de um mundo utópico que ainda está por vir. Utilizo as metáforas do *estrangeiro indígena* e da *biblioteca itinerante* para explorar esse fenômeno de apego e pertencimento criado pelo Pisa em suas viagens e assentamentos em diferentes espaços sociais, culturais e políticos.

Falar do Pisa como um *estrangeiro indígena* é uma ironia para pensar como projetos disciplinares específicos se deslocam de um espaço a outro onde o viajante (Pisa) não é mais o expatriado que o visita. O viajante passa a fazer parte da vida local, participante cujo corpo articula e ativa os temas salvadores e redentores da nação e de seu povo. Na China, Espanha e Brasil, por exemplo, as distinções, classificações e representações estatísticas são traduzidas em políticas como sentimentos incorporados de esperanças, desejos e medos nacionais (POPKEWITZ, 2005, POPKEWITZ; PETTERSSON & HSIAO, 2021). A noção de *estrangeiro indígena* demonstra, portanto, a atenção ao sentimento ou emoções que o Pisa gera como *pertencendo* ou *estando em casa* em diferentes lugares nos quais suas medidas se tornam um espaço de ação para o aprimoramento de políticas e escolas.

Mas essas esperanças, desejos e sentimentos gerados pelo Pisa não são os mesmos quando o Programa de avaliação dos estudantes se torna parte de um Plano Nacional de Educação e prática de pesquisa, como Dalila Andrade Oliveira demonstra na maneira como o Pisa é incorporado no Brasil. O *estrangeiro indígena* do Pisa não se instala por si só em um espaço vazio. O assentamento do Pisa inclui uma série de "atores" que se misturam com ele; o Pisa se conecta a várias ideias, teorias, práticas e princípios culturais que ordenam os espaços sociais e políticos da vida e da educação no Brasil. Podemos pensar nesses diferentes conjuntos de ideias, teorias e princípios culturais, entre outros, como uma *biblioteca itinerante*; isto é, o Pisa é montado e conectado por meio de uma interseção dinâmica de diferentes linhas históricas em um interstício que ocorre quando se localiza como parte do esquema brasileiro de análise e prática. Como Dalila Andrade Oliveira argumenta, a inscrição do Pisa envolve um conjunto histórico da teoria do capital humano, as tecnologias de avaliação do Pisa e os modelos de mudança que se conectam aos princípios históricos sobre cultura e diferenças sociais. A noção de *biblioteca itinerante* direciona a atenção para esse assentamento no qual o Pisa é traduzido nas práticas educacionais brasileiras ou suecas como uma prática criativa e dinâmica que não é meramente uma cópia do original. O Pisa não é apenas replicado, nem adicionado ao que já está lá. O Pisa se torna parte de um conjunto complexo de condições de mediação.

---

1 Trata-se de um conceito desenvolvido pelo autor para chamar a atenção sobre um determinado tipo de discurso heroico que situa os discursos globais de transição em relação à construção de imaginários nacionais para problematizar a relação do conhecimento e da estratégia de poder nos estudos comparados. Cf. Popkewitz, 2002.

As condições de mediação pressupõem que o Pisa tenha um valor adquirido dos bens. Esse valor gera um sentimento abstrato e amorfo como resposta para criar o bem-estar iminente de uma nação e de suas populações e o aparato para aliviar os perigos da profunda crise iminente das ameaças da globalização e desigualdades de escolaridade. Enquanto a estrutura afetiva não movimente todos, o Pisa fornece a esperança de que agir no sistema educacional mude coisas e pessoas, repare desigualdades sociais e possibilite um conjunto de expectativas possível para nações, populações e coisas.

A linguagem do Pisa inspira as possibilidades de uma transformação expansiva que traz à existência imagens globalizadas e universalizadas das potencialidades da sociedade e das pessoas. Fala-se da escola que prepara os alunos com competência e bem-estar psicológico para a participação em um mundo globalizado. Nos países menos desenvolvidos que enfrentam instabilidades ou ameaças de catástrofes, o Pisa oferece sua análise para a compreensão das coisas, pessoas, ideias, sensações, relações, atividades que representam uma vida afetiva. O desafio do Pisa é que as sociedades e as pessoas trabalhem firme e sigam os caminhos apontados para garantir a prosperidade, a felicidade e o bem-estar nacional. Os princípios que regem a participação são os conhecimentos fornecidos pelo Pisa, organizados por meio de suas classificações e distinções sobre os assuntos importantes para a educação: as medidas do Pisa são expressas como "padrão de referência mundial" para alcançar a equidade social, colaboração e participação entre todos os interessados por uma "visão codesenvolvida".

A fantasmagoria do Pisa que administra um futuro iminente confirma profundamente os temas de salvação do Estado de bem-estar moderno "no cuidado das pessoas". A vida afetiva se baseia no imaginário do trabalho democrático, onde todos abraçam o bem comum que possibilita um mundo livre de inseguranças e desigualdades. Os modelos de mudança sugerem que cada nação tenha esse mundo utópico ao seu alcance, se planejado adequadamente por meio da coordenação dos sistemas educacionais. A democratização é mencionada como o desenvolvimento de uma covisão incorporada nas tabelas e gráficos comparativos que funcionam como GPS das possibilidades de um mundo harmonioso, no qual todos têm potenciais de igualdade. Em termos mais concretos, o Pisa reitera continuamente os caminhos para essa covisão por meio do envolvimento cooperativo de professores, líderes de escolas, pais e comunidades.

2) *O raciocínio alquímico sobre as potencialidades das pessoas e da sociedade como objeto de mudança* – O Pisa é uma prática classificatória complexa que projeta a ciência como preparação da criança e da sociedade para o futuro previsto. O *imaginário* que a pesquisa deve ativar baseia-se, pelo menos desde o século XIX, em noções de ciência associadas à razão e racionalidade cosmopolita do Iluminismo. Este último foi o guardião, "atuando" como árbitro do bem universal e da moral nos processos de devir. Os universais do futuro antecipado eram leis naturais do desenvolvimento humano em uma escala de tempo, e não modos de vida que levariam os justos ao céu.

Essa tutela já estava presente no século XIX, na formação das ciências sociais e psicológicas e convergia com o Estado de bem-estar e com a institucionalização da universidade científica moderna. As leis naturais presumidas da humanidade formaram suposições *a priori* das ciências à medida que se conectavam a diferentes épicos nacionais. Os épicos nacionais são descritos na bandeira americana (estadunidense), na qual cada estrela representa um estado, sendo as estrelas símbolos da mais alta ciência, a astronomia que poderia olhar para Deus. A bandeira brasileira incorporou o ditado da lógica cartesiana de "ordem e progresso".

As teorias de aprendizagem e desenvolvimento na pedagogia da escola ativaram os épicos nacionais como o conhecimento da infância necessário ao progresso, à modernização e à descoberta da *good life* (HULTQVIST, 1998; POPKEWITZ, 2020). As ciências humanas ocidentais, por exemplo, inscreviam tradições messiânicas específicas de salvação e redenção em noções de aprendizado e resolução de problemas das crianças que não eram iguais na Suécia ou nos Estados Unidos. A questão de "resolução de problemas" nos métodos científicos de aprendizagem das crianças, por exemplo, revisou noções teológicas anteriores de "revelação". As psicologias da pedagogia recategorizaram a "alma" teológica em categorias da "mente", hoje racionalizadas como "mentalidades" individuais e motivação.

As narrativas redentoras e salvadoras estão vivas hoje e assumidas como uma linguagem internacional de aprimoramento escolar no Pisa. Os cálculos, codificações e padronização do Pisa para avaliar o conhecimento e as habilidades das crianças propagam imaginários que projetam os desejos e potencialidades da sociedade e das pessoas no funcionamento do sistema educacional. Essas imagens e narrativas são avançadas, orientadas para o futuro, para a imagenharia (imaginação + engenharia) da realidade social e dos seres humanos que nela devem viver. Os testes são baseados em o que é profetizado como *good life* e não em medidas sobre o que já existe.

A tecnologia de imagenharia está incorporada aos princípios de um sistema cibernético que organiza as avaliações do Pisa. A teoria dos sistemas funciona como um diagrama visual que governa maneiras de ver e organizar as distinções, categorias e diferenciações em um todo dinâmico e concertado – o sistema educacional. Sistemas e cibernética são análises do pensamento ou um modelo simbólico sobre um ideal filosófico no qual a escola pode ser entendida e gerenciada por meio da identificação e organização de componentes inter-relacionados que a representam como um "todo". Os princípios de uma teoria cibernética se conectam com a teoria do interesse humano na *biblioteca itinerante* do Pisa.

O empírico torna-se aquele agente histórico dos pressupostos *a priori* do universal filosófico do sistema escolar. As medidas empíricas são criadas como distinções, diferenciações e divisões da abstração da escola como um sistema, com as codificações, cálculos e divisões fornecendo dados que dão materialidade à abstração, como se elas existissem para se pensar sobre as escolas, mas também sobre as pessoas e sociedades esperadas. O que constitui os dados do Pisa, então, é formado por meio da entidade teórica dos sistemas que estabeleceu princípios do que conta como dados empíricos; com as codificações, padronizações e cálculos realizados para dizer algo sobre professores, crianças, comunidades e vida social como se eles existissem.

Nesse sentido, a representação numérica da avaliação funciona como atores tornando visíveis aqueles elementos que são calculados e administrados como padrões do sistema. As categorias e distinções sobre aprendizado das crianças, liderança escolar, participação e colaboração de pais e professores, por exemplo, são formadas dentro das diferenciações e classificações que ordenam a abstração da escola como um sistema. A linguagem das classificações é o gerenciamento definido como fluxos, nódulos e mecanismo de *feedback* que podem ser estatisticamente distinguidos e empiricamente explorados, permitindo ou dificultando as comunicações e operações do sistema.

Essa qualidade do Pisa não é exclusiva de suas tecnologias de medição, mas está incorporada em grande parte ao empirismo e positivismo contemporâneos. O que é significativo aqui e relacionado ao argumento de Dalila Andrade Oliveira é que o fantasmagrama da escola como sistema incorpora suas próprias impossibilidades de realização. O futuro previsto não é nem pode ser um problema empírico sobre as competências futuras e o conhecimento global necessário no futuro. Até o conhecimento científico é uma dinâmica que nasce ocasionando incertezas no que Karl Popper chamou de relação de conjecturas e refutações. O Pisa é uma quimera, uma bela ilusão da ciência que se dissolve e é implausível.

A quimera também é incorporada ao que são medidas, como o conhecimento e as habilidades da ciência, alfabetização e educação matemática. As medidas têm pouco a ver com a maneira e as condições nas quais as ciências e as artes cognitivas funcionam como arenas da produção de conhecimento. Se uso a noção medieval de alquimia[2] para pensar no currículo, é porque se trata de uma transformação e reterritorialização do conhecimento disciplinar nas regras e padrões de raciocínio sobre a ordem moral e as disposições, sensibilidades e conscientização das crianças. Historicamente, os modelos de currículo que traduziam o conhecimento disciplinar em modelos pedagógicos para o ensino de disciplinas escolares não eram sobre o aprendizado das complexidades estéticas e cognitivas das ciências ou das artes. A formação da ciência, matemática, música e educação artística, por exemplo, preocupava-se com questões de criação de modos de vida que diferenciavam as pessoas.

O Pisa inscreve os modelos existentes do currículo como objeto de avaliações e reivindicações sobre a ordem moral. A preocupação é com uma ordem moral generalizada e tipos desejados de pessoas e sociedade que se deslocam na superfície de suas práticas. Essas preocupações sobre o bem-estar das crianças – emoções dos estudantes, modos de vida e "saúde mental" – estão expressas nas avaliações da Ocde. Embora o Pisa afirme que não se alinha diretamente aos currículos nacionais, a sua alquimia reclassifica e reterritorializa o conhecimento disciplinar como conhecimento pedagógico. O objetivo desse conhecimento é ordenar modos de vida que incorporem princípios de diferenças nas pessoas que ordenam e classificam.

A alquimia é uma tradução que incorpora suas próprias impossibilidades. Mas o fantasmagrama tem uma materialidade. O Pisa é uma criação de espaços acionáveis. Seu desempenho é o raciocínio comparativo das políticas nacionais, das reformas educacionais e do professor e profissional da educação que deve realizar os desejos inscritos no Pisa.

3) *O aparato da ciência: a vida social como laboratórios experimentais para imaginar o futuro. O elixir mágico do Pisa é a ciência* – Desde o século XIX, a ciência e a tecnologia tornaram-se cada vez mais a apoteose do conhecimento da modernidade que libera o espírito humano e cumpre os desejos de progresso. As tecnologias das avaliações da Ocde capturam essa qualidade da modernidade através de suas tecnologias específicas de ordem, dando uma racionalidade ao mundo e ao problema da mudança. O domínio do conhecimento quantificado cria uma abstração da uniformidade entre as diferentes qualidades das coisas.

---

2 Uso a noção de alquimia como analogia aos alquimistas medievais que procuraram transformar metais em ouro como elixir mágico para encontrar a verdade suprema de Deus, a Pedra Filosofal.

Mosaicos de números tornam-se o mapeamento de declarações que sustentam a verdade sobre uma abstração unificada da "nação" a partir da qual as diferenças nas potencialidades humanas são estabelecidas. Os alvos-objeto do conhecimento – funcionam por meio de números, nomeando e atuando com índices e algoritmos, para criar um otimismo de que mudanças podem ocorrer. As medidas estatísticas, números e algoritmos aparecem como informações com "objetividade comunicativa". A inscrição de números em gráficos, figuras e diagramas fornece uma consistência óptica à medida que eles se deslocam. As quantificações de eventos sociais e culturais em números aparecem como fatos descritivos e universais que se movem transnacionalmente como dispositivos móveis imutáveis (LATOUR, 1986). Os gráficos e quadros nas avaliações da Ocde tornam-se centros de cálculo sobre o que ver e o que há como fenômenos generalizados e estabilizados que são acionáveis em diferentes espaços sociais e políticos. Os gráficos mapeiam o fluxo de informações em objetos estáveis que são fixos, mas podem se mover entre diferentes espaços sociais para "expressar" os caminhos da inovação.

As avaliações têm uma racionalidade calculadora particular que pode ser visualizada como distinções e classificações transcendentais que não têm "lar" nem contexto de pertencimento. Você é ou não alfabetizado em ciências e esse conhecimento é independente da nacionalidade, embora as notas compostas de estudantes "revelem" se uma nação preparou os estudantes para o alcance desse padrão. As tecnologias de visualização encobrem as complexidades incorporadas na realização dos cálculos estatísticos no que parece ser um bom arranjo de "pontos de dados", facilmente acessíveis e monitoráveis para orientar o que é visto e usado.

Os cálculos algorítmicos agem como estruturas preventivas e de precaução, traçam o perfil idealizado de sociedade e indivíduos que Rouvroy chama de "behaviorismo de dados". A classificação e visualização dos dados nos gráficos funcionam como evidência "empírica" que opera como bússola ou GPS para permitir que pessoas e governos se localizem imediatamente e identifiquem diferenças.

4) *O raciocínio comparativo das exclusões e abjeções como princípios de inclusão* – É fácil ignorar as estatísticas comparativas que a Ocde utiliza para diferenciar o desempenho educacional das nações. Esse mapeamento comparativo das diferenças é expresso como fornecendo aos formuladores de políticas, líderes escolares, professores e pais as informações corretas para fazer as escolhas certas.

Essas questões de escolha e objetos de ação, no entanto, não são meramente de interesse humano ou pessoal e psicológico. Mas, de fato, as representações estatísticas são, como sugerem Deleuze e Guattari (1987), *personas* conceituais ou intermediárias em movimentos complexos, conjuntos de relações e coleções reterritorializadas em locais diferentes para enunciar soluções e planos de ação específicos, como explorado neste livro de Dalila Andrade Oliveira. A grade de práticas históricas dá inteligibilidade a eventos e experiências organizados no âmbito do Pisa, são coleções como *bibliotecas itinerantes* das quais falei anteriormente. As imagens filosóficas dos sistemas conectados ao aparato das ciências sociais estão inscritas nos números e nas diferenças.

Esse conjunto de números e correlações revela um *continuum* de valores e um raciocínio comparativo que parece diferenciar ostensivamente sistemas de ensino e nações. O raciocínio comparativo está incorporado aos algoritmos e tecnologias de observações em massa que ordenam, classificam e diferenciam continuamente entre normalidade e patologia. A ordenação como classificação versa conceitualmente sobre as interações, comunicações e resultados desejados entre os atores do sistema.

O que aparece como uma lógica comparativa das populações agregadas que formam a "nação" é, de fato, um projeto de lógica comparativa, conforme explorado neste livro. Os números do Pisa, as magnitudes das diferenças estatísticas e os modelos de currículo que classificam os objetos do conhecimento se conectam aos princípios culturais e sociais sobre as qualidades e características dos tipos de pessoas. Dalila Andrade Oliveira direciona a atenção para essa produção de diferenças no cenário cultural e social sobre a educabilidade dos estudantes no Brasil. Os caminhos para o desenvolvimento e o progresso nacional funcionam paradoxalmente. O raciocínio comparativo do Pisa divide o normal e o patológico, diferencia aqueles que não são nomeados, mas atribuídos a conhecimentos e habilidades diferentes tais como o Movimento dos Sem-Terra e a população negra e indígena do Brasil.

Essa política do conhecimento na qual a desigualdade é tão inscrita como igualdade é dada visibilidade no livro *Da promessa de futuro à suspensão do presente – Teoria do capital humano e o Pisa na educação brasileira*. O fantasma do Pisa de produzir caminhos para o desenvolvimento nacional é como a quimera mítica, uma ilusão elegante que surge de uma prática utópica e paradoxalmente implausível. A atenção à vida real das crianças e os conhecimentos e habilidades necessários previstos para a competência global podem ser vistos como viver no teatro do absurdo. A única dificuldade é que as avaliações entrem na *ágora* da ciência, na política e na sociedade e tenham consequências materiais.

Introdução

As mudanças políticas, econômicas e culturais ocorridas no mundo na passagem do século XX para o atual tiveram repercussões significativas sobre os sistemas educacionais que resultaram de imediato na ampliação das expectativas para com a escola e seus profissionais e na reorientação das políticas públicas em educação. Essas mudanças trouxeram à tona a crise do modelo de escola republicana baseado no critério de justiça universal: o ideal de igualdade de oportunidades (DUBET, 2004; DEROUET, 2009). Essa crise sustentou um movimento de mudança global na área de educação expresso pela circulação de políticas em âmbito mundial.

A circulação de políticas educacionais em âmbito global se justifica como um movimento de transferência de conhecimentos, objetivados em modelos e orientações estratégicas de organização dos sistemas de ensino e de gestão de política para o setor. Esse movimento, às vezes tratado como empréstimo de políticas (STEINER-KHAMSI, 2016), transita por meio de agentes individuais como políticos, consultores; ou agências como *think tanks*, atores não governamentais; mas, em especial, por meio de organismos internacionais ligados à Organização das Nações Unidas (ONU). A influência desses organismos sobre a agenda da educação em âmbito mundial tem sido bastante explorada por estudos e pesquisas mais recentes (LAVAL, 2004; RIZVI & LINGARD, 2012; ROBERTSON, 2009).

Lindblad e Popkewitz (2004) utilizam a expressão 'políticas itinerantes' (*traveling policies*) para designar conceitos que circulam em reformas educacionais e propostas curriculares, em nível internacional, como resultado dos processos de globalização. Esses autores buscaram compreender como posições argumentativas são apresentadas no paradigma comparativista[3] da educação e quais são as implicações para os discursos da educação. Eles têm buscado, em suas pesquisas, identificar quais os princípios para ordenar, descrever e classificar os problemas e soluções para sistemas educacionais, assim como perceber quais os atores presentes e quais os interesses das reformas em curso na educação. Desse modo, esses autores têm produzido análises que ajudam a compreender o estado atual das políticas educacionais no mundo e as principais tendências nas orientações das reformas.

Esse processo de circulação e transferência de políticas educacionais tem relação com o desenvolvimento das pesquisas em educação comparada a partir da segunda metade do século XX (BRAY, 2010; CARNOY, 2019; GROUX, 1997; RUIZ & ACOSTA, 2017; SHRIEWER, 2011; SOBE, 2011). Os dados estatísticos e os indicadores desenvolvidos pelos organismos internacionais passaram a oferecer informações objetivas que permitem a comparação entre diferentes países. Entretanto, esses dados e indicadores são tomados muitas vezes sem qualquer referência ao contexto social, econômico, histórico e cultural das sociedades que estão sendo comparadas. Organizados e apresentados como evidências de políticas de sucesso funcionam como exemplos para diferentes realidades nacionais que buscam tomar de empréstimo políticas que levem ao mesmo êxito. Sakalongas e Kauko (2015) chamam a atenção para

---

3 Sobre as distinções conceituais entre paradigma comparativo e comparativista, cf. Lindblad, Pettersson e Popkewitz, 2020.

dois fatos que são normalmente negligenciados nos processos de empréstimo de políticas: 1) A dificuldade de operar mudanças em conformidade com uma política educacional estabelecida; 2) O fato de que, em geral, os resultados baseiam-se em evidências questionáveis servindo muito mais ao objetivo de legitimar reformas do que propriamente de importar uma política específica.

O argumento para o forte crescimento que os estudos comparados passaram a ter na atualidade está bastante ancorado nas demandas de uma economia globalizada. Justifica-se que, por meio desses estudos, espera-se conhecer os problemas específicos dos sistemas educativos em nível mundial e encontrar soluções globais (DELORS, 1998).

Canário (2006) afirma que está em causa a criação de uma nova ordem que altera e torna obsoletos os sistemas educativos concebidos num quadro estritamente nacional. Explica que as suas missões de reprodução de uma cultura e de uma força de trabalho nacionais deixam de fazer sentido numa perspectiva globalizada. A finalidade de construir uma coesão nacional cede progressivamente lugar a uma subordinação funcional das políticas educativas aos imperativos de carácter econômico inerentes a um mercado global e único. Argumenta ainda o autor que, com base em múltiplos estudos de educação comparada, é possível afirmar a evidência empírica da existência de uma convergência nas modificações observáveis em nível de regulação dos sistemas educativos nos diferentes países que resulta da emergência de um processo mais largo de "regulação transnacional".

A educação comparada se apresenta como um campo de investigação que se interessa prioritariamente pelos problemas e propostas estratégicas que permitem reduzir as desigualdades e favorecer a equidade no plano mundial. Nesse sentido, ela possui uma dimensão pragmática, na qual a mobilidade e intercâmbio são fatores importantes (GROUX, 1997). Entretanto, essa dimensão pragmática é bastante discutível, porque os estudos produzidos pelos organismos internacionais possuem intencionalidades que vão além da busca da equidade e da redução da desigualdade. Eles são orientados por matrizes teóricas que expressam determinada concepção de sociedade, portanto, não são neutros e isentos de interesses particulares. Privilegiam determinada concepção de ciência, na qual o conhecimento é baseado em evidência, que expressa uma forma de compreender o mundo e a sociedade. Por meio do suporte a estudos e pesquisas, com resultados empíricos tratados como verdade única, esses organismos oferecem instrumentos de ordenamento, de classificação, de competição e, portanto, de exclusão para os decisores de políticas públicas no mundo.

O objeto central da discussão realizada neste livro é justamente essa matriz. A tese aqui defendida é que a teoria do capital humano veio se impondo como a forma de conceber a educação no mundo atual por meio de estratégias discursivas, como discurso hegemônico, bem como por constrangimentos materiais, e que os organismos internacionais têm desenvolvido papel-chave na sua difusão.

Para Laclau e Mouffe (1985), o discurso hegemônico é definido como algo que nunca está completamente definido, mas apenas parcialmente fixado por pontos nodais constituídos por meio de práticas de articulação que estabelecem, em parte, o significado. É nesse sentido que se compreende como os discursos sobre "qualidade da educação", "escola eficaz", "boa docência" se difundem pelo mundo como discursos dominantes que alimentam uma lógica competitiva e meritocrática que tem sua origem na teoria do capital humano.

A Organização para a Cooperação e Desenvolvimento Econômico (Ocde) tem desempenhado papel crucial na difusão desse discurso hegemônico sobre a educação, tanto na definição do que é crise e do que é qualidade em matéria educativa. Mas ela não está sozinha, há um conjunto de instituições que trabalham no mesmo sentido em âmbito internacional e nacional.

A Ocde, por meio de diferentes instrumentos, põe em circulação políticas que interferem na forma de condução dos sistemas educacionais pelo mundo, a partir de seu caráter pragmático, fornecendo dados e indicadores que permitem comparações e classificações. Por meio do desenvolvimento de estudos e pesquisas, a Ocde tem produzido e acumulado um vasto conhecimento sobre a educação no mundo e por países e regiões específicas (CARVALHO, 2011; 2016; GREK, 2016; POPKEWITZ & LINDBLAD, 2016). Os instrumentos produzidos pela Ocde têm se consolidado como importante fonte de informação e, ao mesmo tempo, referência para os países orientarem suas políticas de educação em âmbito nacional.

De acordo com Grek (2016), a Ocde cresceu como ator significativo na pesquisa em educação e na cena política europeia com seus estudos internacionais de avaliação, especialmente o Programa Internacional de Avaliação de Estudantes (Pisa, na sigla em português) adquirindo:

> o *status* de ator objetivo, "padrão de ouro" de ator do conhecimento, contribuindo para uma quase unificação de conhecimento em política. Quantificação, simplicidade e mensurabilidade foram o trio de ingredientes-chave de seu sucesso e, de forma lenta mas acertada, a Ocde conseguiu convencer que a sua fundamentação estatística não era simplesmente a representação convencional, parcialmente construída de contextos muito complexos e diferentes, mas sim a realidade objetiva. Econometria tornou-se a metodologia única para as suas medições, enquanto questões relativas à epistemologia ou à ética de suas análises não foram levantadas (GREK, 2016, p. 717-718).

Apesar de ser um organismo econômico[4], a Ocde tomou para si a tarefa de determinar a agenda de educação no mundo, por meio da orientação hegemônica na condução dos sistemas educacionais, fundamentada na teoria do capital humano. Ainda de acordo com Grek (2016, p. 717): "A Ocde transmite todas as mensagens ideológicas 'corretas' para os sistemas educacionais do século XXI, ou seja, ela conecta a aprendizagem diretamente aos resultados do mercado de trabalho e ao capital humano".

A teoria do capital humano exerceu papel fundamental no incremento da educação comparada, em especial no final dos anos de 1960 e 1970, ao aliar educação ao crescimento econômico, tendo como seus principais difusores os organismos internacionais. E esse modelo segue vigente.

Os organismos internacionais baseados em forte fundamentação com matriz na teoria do capital humano vêm definindo padrões para identificar, avaliar e determinar o que é a 'qualidade da educação', a 'escola eficaz' e a 'boa docência', utilizando de certos dispositivos para influenciar em âmbito internacional a organização dos sistemas educacionais (LAVAL, 2004). Esses padrões estão vinculados com formas de ordenar e classificar os estudantes, as

---

4 Criada em 1948 como Organisation for European Economic Co-operation European (Oeec), em 1961 foi reformada, passando a se chamar Organisation for Economic Co-operation and Development (Oecd, na sigla em inglês).

escolas e os sistemas educacionais, impondo critérios de eficácia e eficiência em educação para diferentes partes do mundo e orientando mudanças na organização dos sistemas educativos nacionais assentados em uma lógica meritocrática. A Ocde, por meio dos seus estudos, tem reforçado os vínculos entre produtividade, capital humano e políticas educacionais. Nesse sentido, ela recomenda regularmente aos países a reforma de seus sistemas de educação e formação de professores, propondo medidas que mostram que mais capital humano leva a mais produtividade[5].

Por meio de um discurso que reforça e legitima a meritocracia, em especial em contextos sociais altamente desiguais, a Ocde vai difundindo uma lógica hegemônica na qual os números expressam "verdades" e classificam sujeitos e instituições. Os dispositivos que utiliza possuem uma dimensão pragmática que se pretende "neutra" ou "técnica", mas que se impõe como únicos e verdadeiros, porque detém informações que ninguém possui com a mesma abrangência. A Ocde promove eventos que envolvem atores estratégicos, produz documentos que são instrumentos para pôr em marcha políticas baseadas na competição meritocrática, sempre com o argumento da busca de soluções exitosas para problemas conhecidos. É nesse sentido que é importante demonstrar que os estudos produzidos pelos organismos internacionais possuem intencionalidades que vão além da busca da equidade e da redução da desigualdade. Eles são instrumentos de ordenamento, de classificação, de competição que são essencialmente econômicos e que, como tais, promovem exclusão. Nunca se falou tanto em reconhecimento à diversidade em um mundo tão unificado por critérios de validação universal.

A teoria do capital humano tem sido largamente utilizada como matriz de referência para pensar a educação na sociedade contemporânea, produzindo uma espécie de discurso hegemônico que já não diferencia governos de direita, centro ou esquerda, progressistas ou conservadores, democráticos ou totalitários. A teoria do capital humano veio ao longo dos últimos cinquenta anos se consolidando como o discurso único em educação, atingindo seu ápice com a instituição do Pisa como principal instrumento de regulação da educação em âmbito mundial. Ela se implantou como um discurso salvacionista, no qual a educação é concebida como investimento produtivo e rendimento individual, difundindo uma crença de que, por meio da educação, obtém-se o sucesso profissional pessoal e o progresso das nações. A educação, vista dessa forma, é sempre um projeto que demanda investimento, uma promessa de futuro desconectada muitas vezes do presente. Como afirma Laval (2004, p. 25), a doutrina dominante da educação encontra hoje seu centro de gravidade nas teorias do capital humano, traduzindo "uma tendência muito real do capitalismo contemporâneo: mobilizar saberes cada vez mais numerosos, sob seu duplo aspecto de fatores de produção e mercadorias".

Este livro começa por tentar compreender como essa teoria foi amplamente incorporada na educação em âmbito internacional e nacional, promovendo uma espécie de discurso 'único', por isso, aborda, no seu primeiro capítulo, a teoria do capital humano e seus desdobramentos e adequações à realidade brasileira. A partir de revisão de literatura, procura demonstrar o movimento de assunção da teoria do capital humano e sua introdução no pensamento econômico e educacional brasileiro. O segundo capítulo deste livro apresenta a recepção da teoria do capital humano na pesquisa em educação no Brasil. Identifica as primeiras teses de autores

---

5 Disponível em https://www.oecd.org/economy/human-capital/ – Acesso em 06/03/2020.

brasileiros que incorporam essa dita teoria para interpretar a realidade nacional ao mesmo tempo que promovem a sua difusão nos programas de pesquisa e pós-graduação no país. No entanto, a teoria do capital humano, na pesquisa em educação, tem sido muito mais objeto de crítica que referência analítica. O terceiro capítulo é dedicado à análise da permanência dessa teoria na agenda educacional na atualidade e o papel dos organismos internacionais como atores da sua difusão, tendo como sua expressão mais instrumental o Pisa. O quarto capítulo discute a permanência da teoria do capital humano na agenda educacional brasileira independentemente dos governos e suas orientações político-partidárias. O que se observa ao longo dos mais de 50 anos de permanência da teoria do capital humano no Brasil é um desenvolvimento quase linear de uma proposta educacional que reduz complexidades sociais a uma narrativa econômica, uma aceitação geral das narrativas redentoras e salvacionistas de formar para um futuro incerto. O capítulo 5, Da promessa de futuro à suspensão do presente: notas conclusivas, traz algumas problematizações sobre a permanência dessa teoria e os usos indiscriminados das avaliações, em especial o Pisa, na conjuntura atual de regressão política e de austeridade econômica. Quadro este que tende a ser ainda mais aprofundado pelas crises sanitária e econômica promovidas pela Covid-19 e o necessário isolamento social. No momento em que concluo este livro, o país passa por profundas crises: os sistemas de saúde quase entrando em colapso ante ao acelerado aumento dos casos da doença na população; a crise econômica que tem levado ao fechamento de muitas empresas e ao aumento abissal do desemprego, bem como do aprofundamento das desigualdades sociais; e a crise política acirrada pela falta de comando em âmbito federal por um governo autoritário e negacionista.

Por fim, algumas notas metodológicas.

Este livro é resultado de pesquisa teórica e documental. Ele é, na realidade, o desdobramento e atualização de parte de uma obra realizada há mais de 20 anos, minha tese de doutorado, que foi publicada como livro em 2000, intitulado *Educação básica: gestão do trabalho e da pobreza*, também pela Editora Vozes. O exercício realizado foi de atualização da discussão contida no capítulo terceiro do referido livro e o acréscimo de novas informações, fontes, leituras e análises sobre o mesmo objeto e seu desenvolvimento histórico recente; produto das pesquisas que venho conduzindo nos últimos anos. As análises contidas neste livro são resultado de muitos estudos e discussões animadas com colegas que se debruçam sobre os mesmos temas. Em especial quero agradecer a interlocução com o Professor Thomas Popkewitz, com quem aprendo muito há muitos anos. Também quero externar meus agradecimentos aos colegas Romuald Normand e Luís Miguel Carvalho com os quais tenho um diálogo permanente que me permitiu ampliar minhas análises e horizontes de interpretação. Agradeço a equipe do Grupo de Estudos sobre Política Educacional e Trabalho Docente da Universidade Federal de Minas Gerais pelo suporte e trabalho cooperativo e, por fim, um agradecimento muito pessoal às contribuições das leituras e revisões de minhas irmãs Juraci Andrade Leão e Conceição de Oliveira Andrade.

O trabalho de produção teórica desempenha papel central na atividade de pesquisa acadêmica, mas esse papel pode funcionar segundo lógicas distintas e conduzir a resultados muito diversos. Meu objetivo neste livro foi introduzir uma sequência mais longa de pensamento sobre um tema que em geral se vê analisado de forma recortada. Evitando o aprisionamento a etiquetas e os debates antagonistas, busquei assim, contribuir para maior compreensão e troca intelectual sobre a realidade educacional brasileira. Considerando isso, recorro a Canário (2006, p. 29), em sua definição da função de "vigilância crítica", atribuída à realização científica que corresponde a um polo epistemológico que determina os processos de construção dos objetos de estudo, bem como os procedimentos técnicos que concretizam a recolha e tratamento das informações empíricas:

> Toda a recolha de informação supõe um prévio olhar teórico que conduz a selecionar informação e a analisá-la de uma perspectiva particular. A explicitação e o debate permanentes das ferramentas conceptuais que sustentam os vários "olhares teóricos" possíveis representam uma das principais marcas distintivas do trabalho de investigação científica (CANÁRIO, 2006, p. 28).

Nesse sentido, as discussões trazidas neste livro refletem as escolhas teóricas e a experiência da autora, mas as análises contidas nele são balizadas por critérios éticos e responsabilidade acadêmica. Ele é resultado de uma leitura atenta e permanente da política educacional brasileira nas últimas décadas, a expectativa é que seu conteúdo possa contribuir para o desvelamento necessário, ainda que causando perplexidades, de situações tomadas como naturais, mas que precisam ser problematizadas. Portanto, a intenção última é que sua leitura possa despertar o estranhamento e a curiosidade intelectual capazes de estimular o pensamento crítico e promover mudanças. Afinal, como aprendemos com Said (2007, p. 26) "não é fácil esmagar o desejo humano e humanista por esclarecimento e emancipação, a despeito do poderio inimaginável da oposição que esse desejo suscita..."

1

A teoria do capital humano e seus desdobramentos no Brasil

Este capítulo está estruturado a partir do resgate histórico dos caminhos trilhados pela teoria do capital humano no contexto brasileiro. O objetivo é descrever o contexto histórico no qual emerge a teoria do capital humano no Brasil e na região latino-americana. Dessa forma, é importante esclarecer que a concepção que informa esse resgate toma:

> la historia como un modo particular de reflexionar sobre el pasado y de ordenarlo, pero que engloba siempre al presente. El pasado quedó atrás y la historia es un modo de interpretación que sirve para aportar sentido (y memoria) al presente. Esta evocación del presente no es presentismo como historia, sino que es reconocer que los principios de ordenación y clasificación del pasado pertenecen al presente histórico y a su formación de la memoria (POPKEWITZ, 2017, p. 190).

Este capítulo aborda, portanto, a trajetória da teoria do capital humano na realidade brasileira. Tenta demonstrar como esses "ensinamentos" foram aprendidos por atores influentes, em período histórico bastante promissor para a incorporação dos seus princípios teóricos nas mudanças políticas que se processavam como anunciadoras de um novo país. A teoria do capital humano chegou ao Brasil na segunda metade do século XX, ou seja, quase concomitante a sua criação.

A crença na educação como forma de resolução dos problemas causados pela distribuição de renda desigual sofreu relativo enfraquecimento na última virada de século. Diante do crescimento dos índices de desemprego, decréscimo nos rendimentos e crescente concentração de renda verificada no mundo nas últimas décadas (PIKETTY, 2015), o modelo de êxito social baseado no bom emprego em uma grande empresa passou a ser algo cada vez mais restrito a um pequeno grupo. Esse enfraquecimento é decorrente de um desencaixe, definido por Giddens (1991, p. 29) como o "deslocamento das relações sociais de contextos locais de interação e sua reestruturação por meio de extensões indefinidas de tempo-espaço". Nesse sentido, merece destaque os desencaixes promovidos pelos processos de reestruturação econômica, iniciados nas últimas décadas do século XX e que têm comprometido na atualidade as possibilidades ocupacionais, condenando boa parte da população à informalidade, ao subemprego, e ampliado os índices de desemprego, levados a níveis alarmantes.

As mudanças bruscas na estrutura ocupacional da força de trabalho e sua relação com a educação vêm sendo demonstradas por muitos estudos quantitativos. Já na década de 1990, estudos como os de Alves e Soares (1997), utilizando como deflator o Índice de Custo de Vida (ICV), verificaram que o rendimento médio real dos trabalhadores vinha apresentando uma redução sistemática. Os autores perceberam maior exigência de escolaridade para se auferirem ganhos médios. De acordo com eles, em 1988, para receber o equivalente ao rendimento médio, era necessário que o trabalhador tivesse o 1º Grau completo[6]. Em 1990, o 2º Grau incompleto e, já em 1995, esse rendimento só era concedido aos trabalhadores que apresentassem uma escolaridade próxima ao 2º Grau completo[7]. Os autores advertiram, porém, que o fato de ter maior grau de escolaridade não proporcionou ao trabalhador perdas menores no rendimento médio durante o referido período. Exemplificam isso demonstrando que os analfabetos tiveram uma perda de 26%, enquanto os de nível superior sofreram uma perda de 31% no seu rendimento médio real no período observado.

Apesar das constatações acima, quanto aos níveis médios de rendimento real, o mesmo estudo apontou para a relativa importância que a educação geral passou a ter na obtenção de empregos, pelo menos nos setores mais dinâmicos da economia. A argumentação é que os níveis educacionais mais elevados se tornaram pré-requisitos para que os trabalhadores estejam aptos a lidar com os processos de inovações tecnológicas e organizacionais. O que se observou, assim, foi que trabalhadores com maior escolaridade e mais bem qualificados constituem a principal fonte de ganhos em produtividade e exercem um papel de grande relevância na democratização das relações de trabalho no interior da empresa.

Ainda de acordo com Alves e Soares (1997), no contexto de globalização econômica, as mudanças estruturais no modelo de acumulação promovem a desvinculação entre o crescimento econômico e a geração de emprego. Além disso, eles perceberam um processo dual, refletindo-se na base organizacional das empresas. Por um lado, as empresas requerem maior qualificação técnica dos trabalhadores situados no topo da cadeia organizacional; por outro, destroem postos de trabalho intermediários, como resultado dos avanços tecnológicos e dos processos de terceirização e verticalização do processo produtivo e gerencial. Em face desse quadro, os autores concluíram que:

> [...] sob este ângulo, os principais perdedores são aqueles trabalhadores com muito capital humano específico e pouco capital humano geral, que sofrem com a deterioração da qualidade e do rendimento do trabalho, causada pela depreciação acelerada e, em alguns casos, irreversível, do capital humano, dificultando, assim, a probabilidade e/ou a qualidade de reinserção do trabalhador no mercado de trabalho (ALVES & SOARES, 1997, p. 57).

O referido estudo identificou uma perda crescente de lugar para os trabalhadores mais especializados e maiores chances de inserção para os que detinham formação geral básica. Essa mudança de exigência de perfil na qualificação profissional dos trabalhadores é caracterizada como uma transição entre as formas de organização do trabalho taylor-fordistas para modelos orientados para a acumulação flexível[8]. Observavam também certa deterioração das condições do mercado de trabalho, manifestada de três modos: aumento de emprego no

---

6 A referência ao 1º Grau foi mantida por ser a forma de organização escolar adotada à época. Na atualidade, essa etapa corresponde ao Ensino Fundamental.

7 A referência ao 2º Grau foi mantida por ser a forma de organização escolar adotada à época. Na atualidade, essa etapa corresponde ao Ensino Médio.

8 Essa noção se apoia na flexibilidade dos processos de trabalho, dos mercados de trabalho, dos produtos e padrões de consumo. Cf. Harvey, 1994, p. 140.

setor de serviços, não acompanhado por aumento de produtividade; aumento do número de trabalhadores por conta própria; aumento da taxa de desemprego aberto. Destacaram que essa situação tem levado à segmentação do mercado de trabalho entre os bons e os maus empregos.

Apesar de as constatações acima datarem de mais de duas décadas, as observações que fazem esses autores sobre a necessidade de se pensarem políticas públicas de qualificação profissional voltadas às novas exigências tecnológicas e organizacionais, que priorizem os vínculos entre educação formal e formação profissional são preocupações presentes na atualidade com os mesmos argumentos.

Em síntese, a tese dos autores é de que a educação não pode resolver todos os problemas colocados pelo crescente índice de desemprego, mas ela é fundamental para ajudar o trabalhador a se empregar e a manter seu emprego. Nesse sentido, a educação é considerada como o principal requisito para a integração no mercado de trabalho, em face do referido processo de transformação:

> O surgimento do novo padrão tecnológico, baseado na automação flexível, exige a consolidação do conceito de produtividade sistêmica, onde o trabalhador, como produtor e consumidor simultaneamente, passa a desempenhar um papel fundamental que exige uma sólida base educativa, de modo a tornar o processo de aprendizagem dentro do trabalho um processo contínuo. Essa transformação é fundamental para preservar o capital humano geral e específico do trabalhador da acelerada taxa de depreciação que caracteriza as transformações possibilitadas pela microeletrônica (ALVES & SOARES, 1997, p. 58).

Embora empiricamente não constatem uma relação direta e imediata entre escolaridade e emprego, percebe-se, no trecho citado acima, a esperança depositada na educação como mecanismo de inserção dos indivíduos no processo produtivo e na vida social contemporânea; a educação escolar como promessa de futuro. É importante observar, na citação, o uso dos termos *capital humano específico e geral,* para designar a qualificação da força de trabalho. Essa conceituação pode ser compreendida no quadro de uma abordagem teórica, que privilegia os aspectos puramente econômicos na relação educação e trabalho, segundo um enfoque específico, a relação custo-benefício.

A teoria do capital humano chegou ao Brasil em um contexto bastante tomado pela ideologia nacional-desenvolvimentista. A tradução dos escritos de Theodore Schultz, Prêmio Nobel de Economia em 1979, influenciou fortemente os estudos nas áreas de educação e economia. A leitura e consequente aplicação da teoria de Schultz não se restringem à educação, mas exercem considerável influência sobre trabalhos de relevância na área econômica, sobretudo, em estudos que buscavam entender as razões do desenvolvimento e os caminhos para o progresso.

De acordo com Popkewitz (2017), os humanos criaram sua própria ordem de tempo, separado da natureza e dos princípios teológicos, assim o passado humano se converte em algo que pode aportar inteligibilidade ao mundo e ao eu. Ele explica que o passado, o presente e o futuro se vincularam fisicamente à tecnologia do relógio, mas também a práticas culturais acerca de quem são as pessoas e quem elas deveriam ser. Dessa forma, afirma o autor, o tempo se inscreveu em novas formas de reflexão que possibilitaram pensar em desenvolvimento, evolução e crescimento humanos. Em suas palavras:

> Este razonamiento dio a la humanidad su espacio para pensar en sí misma como fruto de un proceso de desarrollo y evolución. El pasado, el presente y el futuro se enmarcaron en un orden temporal regular y el progreso se convirtió en su tema de salvación (POPKEWITZ, 2017, p. 197).

A teoria do capital humano é considerada um desdobramento da teoria marginalista e se desenvolve em meio às discussões sobre crescimento econômico no século XX. Ela, além de buscar explicar o fator residual do aumento da taxa de produção, abarca também a questão da distribuição de renda. Como demonstra Laval (2004, p. 26), "a noção de capital humano permitia desviar o olhar que se tinha sobre a despesa da educação, colocando-a antes do lado dos investimentos do daquele dos consumos". Nesse sentido, a teoria do capital humano expressa uma racionalidade, uma forma de conceber o homem e a sociedade bastante convergente para as noções de progresso e desenvolvimento que foram sendo desenvolvidas a partir do século XIX. Como afirma Hinkelammert (2017, p. 170), em seu livro *La vida o el capital*: "El ser humano se ha transformado en una máquina, un aparato capaz de calcularse a sí mismo como capital humano".

Entre os mais importantes estudos que trouxeram a teoria do capital humano nessa época para o Brasil, merece destaque a tradução da tese, para obtenção do grau de Ph.D em Economia na Universidade de Chicago, de Carlos Geraldo Langoni[9], publicada em forma de livro no Brasil, em 1974, com o título: As causas do crescimento econômico.

Langoni (1974), a partir dos pressupostos metodológicos para o cálculo da taxa de retorno nos investimentos em educação, propostos por Schultz e Becker[10], considera a variação apresentada no nível médio de qualidade da força de trabalho como uma contribuição significativa em termos de crescimento econômico no Brasil. Seus estudos foram realizados a partir da comparação de dados fornecidos pelo Instituto Brasileiro de Geografia e Estatística (IBGE) sobre a distribuição relativa da força de trabalho por grupo de idade, distribuição relativa da força de trabalho por nível de educação e renda nas décadas de 1940, 1950, 1960 e 1970.

Considerou então que o comportamento geral das rendas relativas nesse período era bastante consistente com a teoria do capital humano. A renda crescia com a idade, atingindo um máximo no grupo de 40/49 anos, diminuindo daí para a frente. Para o autor, os dados demonstraram que a taxa de crescimento tendia a aumentar com o nível de educação: "a diferença em níveis reflete a ideia fundamental da teoria do capital humano, de que a educação aumenta a produtividade do indivíduo" (LANGONI, 1974, p. 86).

Com o objetivo de conhecer a taxa de retorno dos investimentos em educação no Brasil, o estudo citado tratava da estimativa dos custos diretos e, ainda, da estimativa da renda perdida durante a escola, considerando o fluxo dos benefícios para obter resultados que comprovassem a eficácia da educação para o crescimento econômico. Considerou que os resultados revelaram altas taxas de retorno para praticamente todos os níveis de educação, com exceção do nível universitário, em 1960. Demonstrou assim que existia certa premiação em termos de rendimentos para os concluintes, ao término de cada curso.

---

9 Economista, ator influente sobre assuntos econômicos, foi membro do Conselho Monetário Nacional e presidente do Banco Central do Brasil entre 1980 e 1983.

10 Um autor de referência na teoria do capital humano, tendo sua obra (BECKER, 1964) atingido grande difusão.

Esse estudo representa um importante reforço à teoria do capital humano, ao afirmar que o papel-chave da educação para o desempenho no crescimento econômico brasileiro fica mais claro quando se comparam as taxas de retorno para a educação com as taxas de retorno para o capital físico. Diante disso afirmou:

> A implicação fundamental desse resultado para uma política econômica cujo objetivo seja o de maximizar a taxa de crescimento de longo prazo é a de que é possível conseguir aumentos do produto real, sem nenhuma modificação na taxa agregada de poupança, mas apenas transferindo recursos, na margem, de investimentos em capital físico para investimentos em capital humano. O trabalho também permite uma análise da alocação de recursos dentro do setor educacional. O curso primário é o de rentabilidade social mais elevada (48% em 1960 e 32% em 1969), justificando a ampliação de investimentos nesse setor em relação aos outros níveis (LANGONI, 1974, p. 111).

Langoni publicou, em 1975, outro livro com o título *A economia da transformação*, em que dedicou um capítulo específico à questão do investimento em recursos humanos. Os dois livros exerceram considerável influência sobre as políticas governamentais adotadas naquele período para o setor educacional. Contribuíram, ainda, para a mentalidade que se formou em torno da necessidade de investimento em educação como caminho certeiro para o desenvolvimento, uma promessa de futuro.

Na realidade, a teoria do capital humano não descobre, ou mesmo inaugura, um vínculo direto entre educação e economia. Essa relação é preexistente a qualquer teoria, além de já ser afirmada em estudos anteriores. Embora não se oferecesse o detalhamento de cálculos apresentados pela teoria do capital humano, já existia certo consenso nos meios políticos e acadêmicos sobre uma relação visceral entre educação e desenvolvimento econômico.

Para Schultz, a necessidade de insistir em um conceito de capital humano justifica-se pela restrição a que o termo capital apresenta:

> Um conceito de capital restrito a estruturas, equipamento de produção e patrimônio é extremamente limitado para estudar tanto o crescimento econômico computável (renda nacional) como, o que é mais importante, todas as conquistas, no bem-estar, geradas pelo progresso econômico (o que inclui, também, os prazeres que as pessoas encontram em maior lazer, no crescente acúmulo de bens duráveis, em possuir melhor saúde e melhor educação – tudo isso omitido em nossa atual estimativa de renda nacional) (SCHULTZ, 1967, p. 106).

O referido autor, a quem é atribuída em grande parte a paternidade da teoria do capital humano, explicita uma prática que mais recentemente tem-se afirmado como bastante usual no capitalismo: a necessidade de contabilizar todos os espaços da vida dos trabalhadores, incluindo seus ócios, como atividades produtivas e passíveis de obtenção de lucratividade. Encontra-se em Harbison (1967) definição bastante precisa e sintética de capital humano:

> A expressão formação de capital humano significa o processo de formação e incremento do número de pessoas que possuem as habilidades, a educação e a experiência indispensáveis para o desenvolvimento político e econômico de um país. A criação de capital humano se assimila, desse modo, a uma inversão

em benefício do homem e de seu desenvolvimento como um recurso criador e produtivo (HARBISON, 1967, p. 53).

O mesmo autor alerta ainda que a formação de capital humano implica não apenas os gastos com educação e adestramento, mas também o "cultivo de atividades favoráveis à atividade produtiva" (HARBISON, 1967, p.153).

Apesar da novidade à época de se pensar a educação como investimento em capital humano, presente nos estudos de Schultz (1967) e outros autores, os vínculos entre educação e desenvolvimento, como já afirmado, conduziam a tempos mais remotos. Na realidade, a teoria do capital humano é a aplicação de um raciocínio puramente matemático, pretensamente objetivo, na relação entre educação e trabalho.

No contexto que o Brasil vivia, no período imediato após a Segunda Guerra Mundial, as noções de desenvolvimento industrial, progresso técnico e educação passaram a ser termos intimamente relacionados e imbricados.

A ideologia nacional-desenvolvimentista, marcada por uma forte presença do Estado como agente propulsor do desenvolvimento, teve suas raízes lançadas naquele período. A planificação econômica foi considerada, nesse contexto, ferramenta fundamental para a conquista de um desenvolvimento econômico eficiente. Encontram-se nesse período grandes iniciativas por parte do Estado Novo de Getúlio Vargas (1937-1946) de intervenção em campos antes restritos à iniciativa privada.

Ianni (1979) situa no período da Segunda Guerra Mundial o surgimento da planificação econômica como uma prática no pensamento governamental brasileiro. O planejamento surge como uma técnica "mais racional" de organização das informações, análises de problemas, tomada de decisões e controle da execução de políticas econômico-financeiras. O autor identifica no período focalizado uma atitude do Estado que passa a assumir funções econômicas mais ativas e complexas, cujas raízes se encontram na Constituição Federal de 1937:

> [...] a possibilidade de gestão direta por parte do poder público; as razões de Estado impondo-se sobre os conflitos entre capital e trabalho para defender os interesses superiores da Nação; e a necessidade de estabelecerem-se as normas adequadas ao funcionamento mais eficiente dos mercados de capital e força de trabalho, isto é, os fatores de produção (IANNI, 1979, p. 46).

Essas foram, segundo o autor, as razões que, de certa maneira, inspiraram a criação do Conselho da Economia Nacional, no âmbito da própria Constituição Federal de 1937. Esse conselho foi criado para colher dados, realizar estudos, emitir pareceres sobre projetos de iniciativa governamental e apresentar recomendações para as políticas agrícola, industrial, comercial, de transporte, financeira, administrativa, trabalhista e educacional.

Ianni (1979) demonstra que pouco a pouco a cultura de planificação foi se tornando uma realidade na política econômica governamental. Foi um processo que acabou resultando no aparecimento de uma espécie de tecnoestrutura estatal, que passou a discutir estratégias políticas em relação aos problemas do desenvolvimento econômico.

É também desse momento a criação do Instituto Nacional de Estudos e Pesquisas Educacionais Anísio Teixeira (Inep), em 1937, inicialmente chamado de Instituto Nacional de Pedagogia, denominação modificada um ano depois, em 1938, quando passou a Instituto Nacional de

Estudos Pedagógicos[11]. Na atualidade, é uma autarquia federal, instituída por meio de lei específica (Lei n. 9.448, de 14 de março de 1997), sendo o órgão responsável por estudo, pesquisa e avaliações sobre o Sistema Educacional vinculado ao Ministério da Educação (MEC).

Foi então, ainda segundo Ianni (1979), que se tornaram mais agudas as exigências de racionalização dos meios e técnicas de coleta de dados, sistematização, análise e decisão sobre os problemas de política econômica e administração, com reflexos na educação como demonstrado com a criação do Inep. Todavia, o autor adverte que não eram novidades, naquele momento, as discussões e controvérsias em relação às políticas econômicas governamentais, inspiradas ou influenciadas pela doutrina liberal.

A racionalização administrativa que o planejamento econômico central ensejava era o pensamento predominante nos meios governamentais no período, o que não significava que a disputa de ideias estivesse descartada. A favor do planejamento estatal destacava-se a participação do economista e industrial Roberto Simonsen para quem

> [...] o setor privado não estava preparado para fazer face às novas exigências de capital, tecnologia, *know-how*, capacidade de organização, liderança etc. Por isso, as novas perspectivas de desenvolvimento econômico e, em especial, industrial, exigiam a formulação e utilização de novos instrumentos de ação, incluindo-se o planejamento e o pensamento técnico-científico (IANNI, 1979, p. 55)[12].

O recurso ao Estado para promover o desenvolvimento econômico diante de uma débil burguesia nacional está na base dos processos de modernização dos Estados latino-americanos. Para Faletto (2009), referindo-se à região latino-americana, o Estado, nos países dependentes, desempenha papel-chave na acumulação do capital público e privado. Porém, isso não significa necessariamente que seja um Estado forte. Na maioria dos casos, enfrenta desafios em condições de debilidade, devido à particular relação entre o político e o econômico que se dá por razões históricas nesses países. Para ele, é um fato que nas sociedades capitalistas contemporâneas o mundo do econômico se constitui no mercado mundial e, nesse âmbito, os países dependentes são subordinados:

> El carácter dependiente de la inserción de los países latinoamericanos en el mercado internacional se tradujo en retraso. La relación centro-periferia que surgió planteó como desafío a los países "periféricos" la necesidad de un desarrollo que implicaba la fijación de objetivos nacionales cuyo logro, de un modo u otro, se suponía que era tarea del Estado (FALETTO, 2009, p. 163).

Foi nesse período também que o nacionalismo passou a ser um componente mais explícito do universo sociocultural, político e econômico do Brasil. As décadas de 1940 e 1950 foram marcadas pela grande euforia da ideologia do desenvolvimentismo. Nesse contexto, o subdesenvolvimento era identificado com pobreza e o desenvolvimento com prosperidade[13]. A

---

11 Disponível em https://www.infoescola.com/educacao/instituto-nacional-de-estudos-e-pesquisas-educacionais-anisio-teixeira-inep/ – Acesso em 25/03/2020.

12 Roberto Simonsen, como importante industrial da época, teve papel de destaque no cenário desenvolvimentista brasileiro, contribuindo na criação do Serviço Nacional de Aprendizagem Industrial (Senai). Cf. Simonsen, 1973.

13 Sobre a euforia da ideologia do desenvolvimento no Brasil no período, cf. Cardoso, 1978.

educação nesse cenário foi compreendida como um instrumento para promover o crescimento e reduzir a pobreza. Era necessário, para se atingir o desenvolvimento pleno, que os países subdesenvolvidos tomassem atitudes severas com relação à miséria, entendida como ameaça constante à democracia. A educação foi assim concebida como um instrumento econômico indispensável ao desenvolvimento e ao progresso técnico, mais uma vez, uma promessa de futuro.

O planejamento foi então assimilado como necessário e indispensável ao desenvolvimento social. Era preciso planejar, definir objetivos, traçar metas, sem o que não seria possível desenvolver-se. Esse período resultou em políticas que fortaleceram estruturas públicas de bem-estar social, legitimando maior intervenção do Estado na economia dos países latino-americanos.

1.1 As ideias cepalinas e o nacional-desenvolvimentismo

Em fins dos anos de 1940, o tema do desenvolvimento começou a aparecer como um problema mundial, uma das preocupações centrais na economia internacional. Surgiu como resultado dos processos de descolonização, que se seguiram a Segunda Guerra Mundial, e da incorporação ao mercado mundial de nações pobres e atrasadas. Foi então que, sob a cobertura da ONU, foram criadas as comissões econômicas para a Europa e Ásia (1946) e, em 1948, a Comissão Econômica para a América Latina (Cepal).

O surgimento dessas Comissões pode ser explicado pela necessidade, por parte da ONU, de conter qualquer desagregação social diante da ameaça crescente, ocasionada pela aceitação dos partidos comunistas nas economias recentemente saídas de processos de independência. A Cepal surgiu provisoriamente como um comitê das Nações Unidas.

O maior expoente da Cepal foi Raul Prebish, também considerado seu principal fundador. Economista de influência keynesiana, ficou conhecido por seus escritos nos quais recusa a divisão internacional do trabalho como um conceito universal e equitativo, pois só se podia estar em condições de igualdade entre países desenvolvidos. Ele fez suas críticas à divisão internacional do trabalho a partir da constatação da deterioração dos preços dos produtos primários que se dá por meio de ciclos (PREBISH, 1994).

A Cepal se constituiu em uma agência de difusão da teoria do desenvolvimento, que teve sua origem nos Estados Unidos e Europa após a Segunda Guerra Mundial. Segundo Marini (1994), a teoria tinha o propósito definido de responder à inquietude e inconformidade manifestadas pelas novas nações que emergiam à vida independente, como produto dos processos de descolonização, ao darem-se conta das enormes desigualdades que caracterizavam as relações econômicas internacionais.

Para o mesmo autor, os países capitalistas centrais, através do estímulo às teorias do desenvolvimento, procuravam explicar e justificar as disparidades que os beneficiavam, ao mesmo tempo que buscavam convencer os novos Estados de que a eles também se abriam possibilidades de progresso e bem-estar. Por isso, as teorias do desenvolvimento tinham como referência os países centrais e baseavam-se na ideia de que a posição que as nações desenvolvidas ocupavam no contexto internacional correspondia ao estágio superior de um *continuum* evolutivo.

Segundo Marini (1994), essas teses nasciam em órgãos governamentais, difundiam-se nas universidades e centros de investigação e ultrapassavam as agências internacionais. Assim, a história da Cepal confunde-se com a história da ideologia desenvolvimentista. O seu nascimento é bastante particular, pois coincide com o momento em que na América Latina começa a ganhar forma e força um novo projeto de desenvolvimento, a industrialização.

A contribuição mais importante da Cepal foi sua crítica à teoria clássica do comércio internacional, baseada nas vantagens comparativas. Demonstrou empiricamente que, a partir de 1870, observava-se no comércio internacional uma tendência permanente à queda dos termos de intercâmbio em detrimento dos países exportadores de produtos primários. Tal tendência propiciava transferências de valores dos países periféricos para os centrais, submetendo os primeiros à descapitalização (MARINI, 1994).

Pelo fato de não desenvolverem seu setor industrial, ou manufatureiro, os países periféricos não estavam habilitados a produzir tecnologias e meios de capital capazes de elevar a produtividade do trabalho. A Cepal começa, dessa maneira, a fazer uma crítica à teoria das vantagens comparativas, demonstrando que as riquezas de alguns estão relacionadas à pobreza de outros.

Para a Cepal, as distintas economias que integram o sistema internacional se localizam em fases inferiores do mesmo processo, posicionadas dentro de um esquema dual: desenvolvimento e subdesenvolvimento. O subdesenvolvimento seria um estágio prévio ao desenvolvimento pleno, quando a economia em questão reuniria todas as condições para o desenvolvimento autossustentado.

A ideia-chave é a industrialização, porque demandaria maior emprego de mão de obra, promovendo o desenvolvimento tecnológico e aumentando a capacidade do mercado interno. O processo de modernização trazia consigo a possibilidade de tensões e crises, manifestando-se, durante certo tempo, uma situação de dualidade estrutural, que colocava em oposição um setor moderno contra um setor tradicional da mesma sociedade.

A Cepal tinha então, como uma de suas teses centrais, a constatação de que a economia mundial estava organizada como um sistema centro-periferia, no qual adquiria papel diferenciado a distribuição de benefícios entre economias que se encontravam interrelacionadas. Segundo Osório (1994), essa formulação constituía um verdadeiro rompimento com as colocações prevalecentes no campo acadêmico e nos organismos internacionais, demonstrando a crescente autonomia teórica da Cepal.

Marini (1994) chama a atenção para o fato de que desenvolvimento e subdesenvolvimento, nas teses cepalinas, representam a mesma coisa. Para o autor, trata-se de momentos constitutivos de uma mesma realidade: a economia capitalista industrializada. Por essas razões, as teses baseiam-se em critérios quantitativos, os únicos considerados adequados para situar as economias nos vários graus da escala evolutiva.

Assim, o subdesenvolvimento seria definido por meio de uma série de indicadores – produto real, grau de industrialização, renda *per capita*, índices de alfabetização e escolaridade, taxas de mortalidade e expectativa de vida etc. – destinados a classificar as economias do sistema mundial e a registrar seu avanço na cena do desenvolvimento. Para Marini (1994), esse modelo teórico – por ser essencialmente descritivo – não possui qualquer capacidade explicativa.

A Cepal partiu então da teoria do desenvolvimento. Seu objetivo era estudar os problemas regionais e propor políticas de desenvolvimento, por isso assumiu o papel de agência criadora de ideologia, uma vez que tratava de captar e explicar as especificidades da América Latina. Apesar de sua ainda recente independência política, os países latino-americanos contavam já com um século de capitalismo, que os levara à formação de complexas estruturas de classes e Estados nacionais consolidados.

O que diferencia a Cepal de outras agências similares, segundo Marini (1994), é que essa comissão, ao se constituir, vinculou-se à realidade interna da região e expressou as contradições de classe que a caracterizavam, inclusive as contradições interburguesas. Mais do que isso, para o autor, ela foi instrumentalizada pela burguesia industrial, tanto em função das lutas sociais e políticas internas, como dos conflitos estabelecidos no âmbito da economia mundial. Por tudo isso, fez do desenvolvimentismo latino-americano um produto que não foi uma simples cópia da teoria do desenvolvimento.

As limitações do pensamento cepalino, segundo Marini (1994), localizavam-se no seu vínculo umbilical com a teoria do desenvolvimento e a posição de classe que assumia: o desenvolvimentismo foi a ideologia da burguesia industrial latino-americana. Por isso, considerava o desenvolvimento e o subdesenvolvimento não como fenômenos qualitativamente distintos, mas sim como expressões quantitativamente diferentes do processo histórico de acumulação de capital.

Por essa razão, a Cepal acreditava que, somente a partir de medidas corretivas aplicadas ao comércio internacional e a implementação de uma adequada política econômica, os países subdesenvolvidos teriam acesso ao desenvolvimento capitalista pleno, eliminando a dependência na qual se encontravam.

Marini (1994) conclui que as teorias desenvolvidas pela Cepal apresentavam um caráter classista, pois serviam de subsídio e sustentação de uma hegemonia construída nos países da América Latina pela burguesia industrial emergente, submetendo as oligarquias rurais, sem, no entanto, romper com a estrutura fundiária existente. Por isso, a comissão ficou conhecida como portadora de uma teoria desenvolvimentista, na qual o Estado apresentava-se como seu sujeito.

Era o Estado que deveria assumir as rédeas do desenvolvimento, em lugar da burguesia industrial, enquanto ela ainda era frágil. A preocupação com uma política econômica que objetivasse a superação do subdesenvolvimento, no pensamento cepalino, iria repousar numa concepção de Estado como uma instituição situada acima da sociedade, ou seja, acima das relações de classe e dotado de racionalidade própria.

A política econômica adotada deveria basear-se na industrialização, mediante o modelo de substituição de importação. Essa abordagem, no pensamento cepalino, atribuiria à industrialização uma centralidade quase absoluta, como se fosse capaz de corrigir todas as desigualdades sociais. Alguns estudos consideram que a relevância atribuída ao processo de industrialização fez com que a Cepal subvalorizasse medidas distributivas, bem como outras questões sociais de peso (MARINI, 1994; OSORIO, 1994).

A década de 1950 foi um período em que tanto a burguesia industrial cresceu, quanto o desenvolvimentismo foi a ideologia dominante, devido ao acelerado crescimento industrial dos países latino-americanos. Na década seguinte, porém, depois de um ciclo de expansão, a América Latina desembocou numa crise sociopolítica sem precedentes, caracterizada pela estagnação econômica. Essa crise evidenciou os aspectos perversos que tinha assumido a industrialização, o que repercutiu em uma crise teórica no interior da Cepal. Cardoso (1979) considera que o desafio, naquele momento, era construir uma análise capaz de definir uma problemática alternativa e quebrar com o economicismo prevalecente nas análises sobre o desenvolvimento e o apoliticismo das análises sociológicas.

A crise econômica que, no começo da década de 1960, golpeou a maioria dos países latino-americanos foi uma crise de acumulação e realização da produção, manifestada, por um lado, na incapacidade para importar os elementos materiais necessários ao desenvolvimento do processo de produção e, por outro, nas restrições encontradas para realizar essa produção. As dificuldades que se apresentavam eram produtos do processo de industrialização em marcha na América Latina desde a década anterior, sem que se procedesse às reformas estruturais indispensáveis à criação de um espaço econômico adequado ao crescimento industrial.

No caso brasileiro, a industrialização teve que conviver com a preservação da velha estrutura fundiária. A inexistência de condições indispensáveis à plena realização da produção, adequadas ao modelo de desenvolvimento, pode ter contribuído para frear o progresso técnico esperado. Além disso, foram muitos os entraves à dinamização e expansão do mercado interno, já que não estavam dadas as possibilidades, inclusive de formação e qualificação da força de trabalho urbano-industrial, necessárias naquele momento. Tais dificuldades afetaram diretamente a valorização da força de trabalho e, indiretamente, sua capacidade de consumo. Merece destaque, nesse sentido, a criação do Serviço Nacional de Aprendizagem Industrial (Senai) em 1942, com o objetivo de formar profissionais para a indústria nacional.

Esses foram alguns dos problemas presentes no contexto brasileiro daquele período que exigiam novas formas de se pensar o desenvolvimento econômico. Resguardadas as especificidades de cada caso, os países latino-americanos, na sua grande maioria, passaram a conviver com dificuldades em suas economias que contribuíam ainda mais para o enfraquecimento do referencial cepalino de desenvolvimento.

Por essas razões, a Cepal, na virada dos anos de 1960, modificou suas posições e retificou seu enfoque desenvolvimentista, passando a dar mais ênfase às reformas estruturais e à distribuição de renda. Porém, essa década foi profundamente marcada por regimes autoritários na América Latina, constituindo-se em uma época de militarização, como explica Victoriano Serrano:

> Este proceso de militarización que viven el Estado y la sociedad civil tuvo la particularidad de ser epocal, describiendo con ello no sólo un fenómeno de coincidencias geográficas, sino, sobre todo, un estado de época que encontró su originalidad en los golpes "cívico militares" que irrumpieron cronológica y sintomáticamente en la primera mitad de la década de 1970 – Bolivia, en 1971; Chile y Uruguay, en 1973; Argentina, en 1976. También habría que tomar en consideración el hecho de que las dictaduras de Paraguay (desde 1954) y Brasil (1964), conducen, en los comienzos de la década de 1970, un cambio doctrinal del perfil represivo que hasta entonces habían exhibido. El "golpe dentro del golpe", en Brasil, 1968, y la promulgación, en 1969, de la Ley de Seguridad Nacional por el gobierno de Médici. El golpe de Estado al golpe de 1968, en el Perú, en 1975. En

este contexto represivo no habría que olvidar, ciertamente, a México, allí donde la intervención policíaco-militar del gobierno de Gustavo Díaz Ordaz cobró la vida de un número aún no precisado de estudiantes congregados en la Plaza de las Tres Culturas, en Tlatelolco, en 1968. Ocurriría lo mismo en 1971, cuando gobernaba Luis Echeverría, inaugurando con ello un periodo de intervención radical de la sociedad que tuvo como característica central el uso del ejército y sus tácticas de guerra en contra de su propia población civil (VICTORIANO SERRANO, 2010, p. 179).

Com a ascensão dos militares ao poder em muitos países latino-americanos, o desenvolvimentismo cepalino entrou definitivamente em crise. Tal fato teve como consequência uma relativa perda da posição privilegiada que a Cepal alcançara na sua primeira década de funcionamento, quando chegara a cumprir um importante papel como agência ideológica da América Latina. Foram dois os fatores que, segundo Marini (1994), contribuíram primordialmente para enfraquecer a Cepal: seu caráter retrógrado em relação à questão agrária e a penetração do capital estrangeiro, direta ou indiretamente, através dos investimentos em forma de empréstimos. As dificuldades de importação de bens de capital, de tecnologia, contribuíram para que as nações latino-americanas não conseguissem produzir em condições competitivas para o mercado externo.

Aliadas a essas dificuldades, a questão da centralização fundiária veio interferir significativamente na situação de dependência daquelas economias; o que vem demonstrar que muitos dos entraves encontrados nas tentativas de industrialização no contexto latino-americano são resultados diretos da manutenção da velha estrutura social em muitos países, característica persistente historicamente na região e que repercute nas questões políticas enfrentadas na atualidade.

Assim, a crise que assolou a América Latina nos anos de 1960, atravessando os anos de 1970, marcada pelas ditaduras militares, provocou uma crise não menos séria no interior da Cepal. Sua posição anterior começou a ser afetada, culminando, com o passar dos tempos, numa postura mais recuada de auxílio e suporte aos governos nacionais na implementação das políticas recomendadas pelos organismos internacionais, como um órgão técnico da ONU.

Os anos de 1960 inauguraram um cenário mais preocupado com as reformas sociais que começavam a ser pautadas nas agendas dos países da América Latina. No setor educacional, são dois os eventos que marcam as iniciativas vindas desses organismos para influenciar a agenda na região: 1) Seminário Interamericano sobre Planejamento Integral da Educação, realizado em Washington, em junho de 1958, sob os auspícios da Organização dos Estados Americanos (OEA) e da Organização das Nações Unidas para a Educação, a Ciência e a Cultura (Unesco); 2) Conferencia Interamericana sobre Educación e Desarrollo Económico y Social, que ocorreu em Santiago do Chile, em março de 1962, que contou com a promoção da Cepal, Organização Internacional do Trabalho (OIT), a Organização das Nações Unidas para a Alimentação e a Agricultura (sigla em inglês FAO) e a Organização Mundial de Saúde (OMS).

Só a partir dessa década é possível falar em planejamento educacional propriamente dito no Brasil, com a aprovação da primeira Lei de Diretrizes e Bases da Educação Nacional n. 4.024 de 1961.

Os estudos da Cepal dos anos de 1960 sugeriam o planejamento global como instrumento estratégico para o desenvolvimento, inclinando-se para o estímulo à intervenção estatal no controle e gestão das políticas sociais. As razões dessa influência podem ser explicadas por vários fatores, como a experiência da economia soviética, que, até então, demonstrava uma relativa eficiência no controle das políticas sociais e a predominância dos Estados de bem-estar social nos países europeus, além do *New-Deal* americano.

A partir dos anos de 1980, a Cepal passou a atuar como suporte técnico nas políticas sociais desenvolvidas nos países latino-americanos, dando então maior atenção ao caráter distributivo. O seu referencial continuava a ser, no entanto, o enfoque econômico voltado para o desenvolvimento. A teoria do capital humano deixou suas marcas na perspectiva adotada pela Cepal e nas recomendações que apresentava às Conferências na área de educação[14].

Depois de mais de meio século de existência, é ainda possível perceber a permanência dos referenciais teóricos gestados nos anos de 1940, 1950 e 1960, que continuam a informar as análises no campo das políticas sociais na América Latina. A manutenção de matrizes teóricas, como a teoria do capital humano e outras que reforçam as noções de desenvolvimento como progresso técnico, aliado ao investimento em recursos humanos, parece evocar princípios da ideologia nacional-desenvolvimentista, ainda nos dias atuais. A recuperação do raciocínio monetarista para justificar os ajustes e reformas nas políticas sociais passou a ser uma constante. A reedição, manutenção ou revisão de estatutos teóricos elaborados em épocas passadas demonstra que, embora o atual estágio de desenvolvimento traga novidades nos aspectos políticos, econômicos e sociais que envolvem a vida prática, essa teoria tem-se mantido inabalada.

É curioso observar mais de meio século depois, com as turbulências que o mundo enfrenta na atualidade, com o grande avanço da pesquisa sobre os temas relativos à educação e economia, com críticas demonstrando como essa relação não é simples e muito menos linear e que pode conter dimensões várias atinentes a questões estruturais desta sociedade, como resistem essas matrizes teórico-explicativas. Chama a atenção como essa noção foi plantada em profundidade no ideário nacional, latino-americano e no mundo nos últimos 50 anos, constituindo-se em uma narrativa de progresso, de promessa de futuro que permanece mesmo diante das mudanças das últimas décadas. Da emergência do globalismo econômico (IANNI, 1997), promovendo significativos desencaixes das estruturas tradicionais, aos dias atuais em que dá sinais de seu esgotamento a prevalência do mesmo raciocínio calculista da educação, continua em vigor como parâmetro de medida e obtenção de progresso.

Essa constatação é de suma importância para compreender as mudanças que a agenda educacional passa a sofrer a partir da última década do século passado, atribuindo centralidade aos processos de avaliação externa.

---

14 Além da citada conferência de 1962 em Santiago do Chile, trinta anos depois, a teoria do capital humano fundamentava as recomendações da Cepal. Cf. Cepal/Unesco, 1992.

1.2 Educação e desenvolvimento econômico

De acordo com Garcia (1977), a teoria do capital humano muda o caráter da educação que até então era tido somente como consumo e passa a ser entendido como investimento buscando retorno. A noção de educação como investimento está vinculada no ideário nacional-desenvolvimentista à ideia de planejamento econômico:

> embora as atividades de uma sociedade moderna necessitem de técnicos em administração, educação, economia etc., os investimentos nesta formação não podem ser aplicados de forma indiscriminada sob o risco de desperdício humano e material (GARCIA, 1977, p. 34).

A educação passa a ser analisada como indispensável ao desenvolvimento econômico, por grandes economistas em âmbito mundial, traduzidos no Brasil. O economista Robert Heilbroner, em seu *A luta pelo desenvolvimento*, publicado originalmente nos Estados Unidos em 1963, sintetizou a necessidade das nações subdesenvolvidas de envidar esforços para a mudança de seu *status quo*:

> Para que ocorra tal transformação, é necessário que haja uma profunda modificação social: uma completa metamorfose de hábitos, uma violenta reorientação de valores com respeito ao tempo, posição social, dinheiro, trabalho; uma reestruturação total da própria vida diária. Para que ocorra tal reorientação social, a condição preliminar é a substituição dos regimes baseados na perpetuação do *status quo* por regimes bastante ousados para desencadear a transformação social (HEILBRONER, 1964, p. 50).

O segredo para o desenvolvimento parecia assentar-se, no entendimento desse economista, em detectar qual o processo central da expansão econômica. Para ele, consistia em elevar-se o baixo nível de produtividade, que constitui em toda sociedade subdesenvolvida a causa da pobreza. Como a baixa produtividade é resultante da falta de capital, para ele:

> [...] se tal país quer desenvolver-se, evidentemente sua primeira tarefa econômica é constituir capital. A deficiente capacidade produtiva do trabalho manual e força física deve ser suplementada pelo poder das máquinas, energia elétrica, transporte e equipamento industrial de toda espécie (HEILBRONER, 1964, p. 68).

O mesmo autor considerava, entretanto, que a falta de pessoal habilitado para executar eficazmente os projetos poderia constituir-se em obstáculo ao desenvolvimento dos países subdesenvolvidos. Sua análise era que, por constituir um problema de proporções impressionantes, a falta típica de habilidades profissionais nas nações subdesenvolvidas implicaria pesado ônus, dada a "deficientíssima" situação educacional destas.

Assim, foi dada à educação a grande responsabilidade: possibilitar a cada país aumentar sua capacidade produtiva e, desse modo, negar sua condição de subdesenvolvimento. Seria então papel da educação retirar do atraso e da miséria não só os indivíduos em particular, mas a totalidade da população. A educação passa a conter uma função salvacionista. Essa educação compreende, na verdade, a escolarização formal e regular, capaz de, supostamente, elevar os níveis de aspiração dos indivíduos e suas capacidades produtivas, rompendo com uma cultura de atraso e indigência econômica. Foi assim que a educação acabou eleita como o mais adequado instrumento de distribuição equitativa de oportunidades e rendas. Esse raciocínio contribuiu para a consolidação de uma narrativa econômica que restringe as complexidades sociais e projeta um futuro imaginado para pessoas e nações.

A crença que se formou em torno da educação como instrumento de equalização social foi determinante, para que economistas pouco afeitos às questões educacionais começassem a se preocupar com elas. A educação como meio de ascensão, permitindo a mobilidade dos indivíduos no interior da estrutura social, foi então vista como o grande motor do desenvolvimento e progresso técnico e humano nas teorias econômicas.

Essa crença foi tomando conta dos espaços de formulação de políticas até o senso comum. As palavras de Simonsen (1971, p. 109) são uma expressão clara disso: "afinal a quase totalidade dos analistas sociais concorda em que nada é mais importante para o desenvolvimento do que o treinamento adequado de recursos humanos".

Para esse economista, do ponto de vista qualitativo, as mais graves distorções expostas no sistema de ensino brasileiro eram resultado de uma concepção cultural *a priori* desvinculada da apreciação do mercado e da análise das necessidades do desenvolvimento econômico. Para ele, os maiores absurdos residiam num sistema que, além da falta de recursos, padecia da mais aguda escassez de racionalidade.

Na mesma direção, outro importante estudo que merece destaque no que se refere à assimilação da teoria do capital humano no contexto brasileiro foi realizado por José Pastore e publicado em 1979, sob o título "Desigualdade e mobilidade social no Brasil". Adotando a perspectiva de análise weberiana, o autor abordou o movimento de mobilidade social no Brasil tendo como parâmetro a lógica indutivo-dedutiva e a mobilização de dados empíricos.

Pastore (1979) acreditava assim inovar os estudos sobre desigualdade social, já que o seu trabalho se distinguia dos demais até então produzidos, os quais tinham como referências básicas a tese conservadora ou a antítese radical. Segundo o autor, a tese conservadora era aquela que pressupunha o consenso como forma de manutenção da ordem e coesão social, entendendo as diferenças entre os homens como produto da especialização do trabalho. Já a antítese radical era aquela que considerava as diferenças e estratificações sociais como resultantes da luta e do poder na sociedade.

O autor destaca que a mobilidade, sobretudo a vertical, implicando a transição de um indivíduo ou de um grupo de um nível social para outro, pode ser usada como um indicador de desenvolvimento social. A mobilidade social refere-se a mudanças de *status social*, podendo ser ascendente ou descendente. A mobilidade ascendente tende a ser acompanhada por vários ganhos em termos de oportunidades econômicas, educacionais e sociais. Sendo assim, a mobilidade ascendente pode ser entendida como efeito e consequência do desenvolvimento social. Mas é necessário compreender ainda mais uma distinção que se observa no conceito de mobilidade social, a diferença entre mobilidade estrutural e circular. Segundo Pastore:

> As posições ou empregos gerados em uma sociedade podem estar vagos ou preenchidos; os indivíduos podem estar empregados ou desempregados. As vagas nos diversos níveis da estrutura social abrem-se pela criação de novos empregos ou pela saída de indivíduos das posições existentes (morte, aposentadoria, doença). Quando as novas vagas se tornam abundantes, a mobilidade tende a ocorrer de modo mais ou menos independente das características dos indivíduos. Estes vão se ajustando aos requisitos das posições com o passar do tempo. A mobilidade que ocorre neste caso é chamada de *mobilidade estrutural* (PASTORE, 1979, p. 24).

Quando as novas posições são escassas ou criadas de modo lento, então as características pessoais tendem a aumentar de importância e são elas que passam a determinar quem, dentre os candidatos a poucas vagas, serão os escolhidos para seu preenchimento. Nesse caso, a subida de um indivíduo na estrutura ocupacional depende da descida (ou saída) de outro e a mobilidade que isso resulta é chamada "mobilidade circular".

Sabendo-se que a criação de vagas é altamente dependente da dinâmica do mercado de trabalho e que esse movimento varia com o tempo e com as circunstâncias econômicas, percebe-se a dificuldade hoje, no Brasil, de responder a qualquer dos tipos de mobilidade social acima descritos. No momento em que Pastore (1979) realizou seu estudo, identificou uma relativa emergência da mobilidade circular sobre a mobilidade estrutural, o que lhe deu segurança para inferir que nas duas próximas décadas, ou seja, oitenta e noventa, assistir-se-ia ao predomínio da mobilidade circular.

Embora a educação, como o próprio estudo de Pastore (1979) demonstra, tenha uma íntima relação com a mobilidade social, ela é apenas mais um elemento do processo, devendo ainda se considerar o volume de empregos e de novas ocupações. Com o aumento do desemprego e mudanças tecnológicas e organizacionais nos processos de trabalho, verifica-se uma tendência ao fechamento nas oportunidades de ascensão social.

1.3 Mobilidade social e teoria do capital humano

Para compreender a crença na educação como fator de progresso e a sua capacidade para promover mudança, é necessário considerar a própria constituição do capitalismo como modo de produção, que pressupõe uma sociedade com um dito sistema aberto, o que implica a possibilidade de mobilidade no interior de sua estrutura.

Essa característica é primordialmente responsável pela grande distinção entre as sociedades moderna e medieval, ou ainda é o que distingue o capitalismo, enquanto modo de produção, do seu predecessor, o feudalismo. A coesão social na sociedade capitalista tem relação com as possibilidades de ascensão social dos indivíduos ou grupos.

As relações calcadas no direito racional legal, diferentemente daquelas fundadas na tradição e nos costumes, permitem que indivíduos, nascidos no interior de relações economicamente determinadas, possam, por eles mesmos, transitar de classe social, negando objetivamente sua sina histórica. Essa é na realidade a grande justificativa do pensamento liberal que, apoiado em valores morais supostamente universais, planta a ideia de livre iniciativa e igualdade de oportunidades sob o capitalismo.

A educação como principal via de ascensão social pode ser compreendida como um desdobramento da concepção de educação e, por conseguinte, do sistema de ensino, como instituição socializadora por excelência. A educação cumpre o estatuto de agente selecionador dos papéis sociais que os indivíduos vão desempenhar na sociedade capitalista, como já demonstrado pelos sociólogos da Escola da Reprodução Social[15].

A concepção de educação como processo socializador é claramente defendida por Durkheim. A instituição do sistema nacional de ensino brasileiro recebeu influência direta desse sociólo-

---

15 Aqui faço referência aos trabalhos dos sociólogos Bourdieu e Passeron (1992) e Baudelot e Establet (1971), entre outros.

go na tradução e interpretação de seus escritos, em especial por Fernando Azevedo, um dos redatores do Manifesto dos Pioneiros da Educação Nova[16].

Para Durkheim (1987), o papel da educação consiste em proporcionar às populações os meios necessários para a vida em sociedade, isto é, os requisitos reclamados pela solidariedade mecânica e orgânica. O sistema de ensino estatal deveria ser organizado com vistas a oferecer uma sólida base educacional calcada nas similitudes, exigidas pela solidariedade mecânica, ou seja, valores e normas comuns a todos, mas também deveria propiciar uma educação diferenciadora, capaz de responder às demandas da solidariedade orgânica, ou seja, às especificidades requeridas pela divisão do trabalho social.

Dessa forma, o autor identifica na educação um duplo aspecto uno e múltiplo, por ser ela, ao mesmo tempo, homogênea e heterogênea. Certos princípios e valores que a educação deve repassar aos indivíduos repousam sobre uma base comum: "não há povo em que não exista certo número de ideias, de sentimentos e de práticas que a educação deve inculcar a todas as crianças, indistintamente, seja qual for a categoria social a que pertençam" (DURKHEIM, 1987, p. 41).

Da mesma maneira, ainda segundo ele, é imprescindível que a educação propicie aos indivíduos uma dada heterogeneidade, capaz de corresponder às necessidades de especialização reclamadas pelas profissões:

> [...] cada profissão constitui um meio *sui generis*, que reclama aptidões particulares e conhecimentos especiais, meio que é regido por certas ideias, certos usos, certas maneiras de ver as coisas; como a criança deve ser preparada em vista de certa função a que será chamada a preencher, a educação não pode ser a mesma, desde certa idade, para todos os indivíduos. Eis por que vemos, em todos os países civilizados, a tendência que ela manifesta para ser, cada vez mais, diversificada e especializada (DURKHEIM, 1987, p. 40).

É que, para Durkheim (1984), o trabalho é social, exigindo a integração dos indivíduos, mediante cooperação e solidariedade para sua realização. A divisão capitalista do trabalho que, naquele contexto, final do século XIX, encontrava-se em avançado estágio de divisão e segmentação das tarefas, sendo alvo de constantes críticas e resistências dos trabalhadores, exigia do sistema educacional certa correspondência. A divisão do trabalho proposta por Taylor e aprofundada por Ford foi caracterizada pela divisão entre concepção e execução, o que em certa medida, guardadas as proporções, encontra correspondência no pensamento de Durkheim (1984), na distinção que faz entre os homens de ação e os homens de reflexão.

Preocupado em manter a coesão social, Durkheim (1987a) vê na educação a função primordial daquela tarefa, a partir da combinação dos dois tipos de educação, fundamentados nas semelhanças e nas diferenças. Ao mesmo tempo em que a educação contribui para a formação necessária para o indivíduo viver em sociedade, ela também prepara o trabalhador que a sociedade requer. Assim, o sistema escolar se organiza desempenhando essa dupla

---

16 Datado de 1932, "o 'Manifesto dos Pioneiros da Educação Nova' consolidava a visão de um segmento da elite intelectual que, embora com diferentes posições ideológicas, vislumbrava a possibilidade de interferir na organização da sociedade brasileira do ponto de vista da educação" [Disponível em https://cpdoc.fgv.br/producao/dossies/JK/artigos/Educacao/ManifestoPioneiros – Acesso em 23/07/2020].

função: oferece uma base homogeneizadora que facilita o reconhecimento das semelhanças entre os indivíduos, e uma dimensão diferenciadora, que prepara os indivíduos para a divisão do trabalho.

Para Popkewitz (2017), a escola se desenvolve como uma instituição que produz tipos de pessoas que não existiriam se ela não existisse:

> Aunque hablar sobre el aprendizaje de los niños parece una agradable distinción para proporcionar un matiz noble y cosmopolita a lo que hacen las escuelas, los fundadores de las primeras repúblicas francesa y americana reconocieron que el ciudadano no nace, sino que se hace. Y la educación en la escuela era el lugar donde construir a este tipo de persona (POPKEWITZ, 2017, p. 199).

O elemento distintivo da sociedade capitalista para aquela que a antecedeu – a sociedade feudal – estava justamente na possibilidade de os indivíduos mobilizarem-se no interior da estrutura social, sua legitimidade foi obtida principalmente da ruptura com uma sociedade rígida.

A eficácia da educação como instrumento de mobilidade social se dá, sobretudo, a partir não da mobilidade de classe, mas da mobilidade no interior de uma mesma classe. Nesse aspecto, a teoria do capital humano vem reforçar a possibilidade de ascensão dos indivíduos no interior das hierarquias empresariais, a partir de maiores atributos educacionais.

Para se obter, no entanto, sucesso no interior da fábrica, era necessário aos trabalhadores base educacional cada vez maior, que possibilitasse a especialização no trabalho industrial ou então galgar novos postos no escritório. A crença de que a educação é o melhor legado que os pais podem deixar aos filhos vem justamente dessa noção.

Wrigth Mills, em seu conhecido livro *A nova classe média e os colarinhos brancos*, discorre sobre o modelo empresarial do sucesso, não mais baseado na pequena propriedade, mas no sistema de hierarquias, próprio da empresa centralizada do capitalismo monopolista. Mills escreveu o livro em 1951, a partir da observação da sociedade norte-americana, e constitui-se em referência na discussão sobre mobilidade social.

O que o autor denominou o caminho *White Collar* (colarinho branco), designando os trabalhadores do escritório que se distinguem dos demais que vestem macacões azuis na planta da fábrica, é um percurso que necessariamente passa pela escola formal. A tese do autor é que, com o desenvolvimento do capitalismo monopolista, desenvolveu-se uma estrutura de carreira que permite a ascensão dos indivíduos da base até o topo das hierarquias burocráticas das empresas, o que resulta também na mobilidade social dos indivíduos.

Nesse modelo de êxito considerado por ele, mais valem os valores fundados nas virtudes pessoais do que os valores da livre-empresa:

> Maior ênfase é dada em quem se conhece do que no que se conhece; em técnicas de autoexibição e na habilidade generalizada de manejar pessoas mais do que na integridade moral, realizações concretas e solidez de personalidade; é mais louvada a lealdade ou mesmo a identidade com a firma do que uma virtuosidade empresarial. A melhor atitude é mais o estilo do diretor executivo eficiente do que o estilo empreendedor (MILLS, 1987, p. 269).

Mills procurou demonstrar que a educação servia de elevador social principalmente para a classe média americana, o que fez com que a escola passasse a funcionar como um elo entre gerações no fluxo de mobilidade ocupacional. O autor observou, entretanto, que, embora a educação possa ter sido encarada como o principal caminho para a igualdade social e política, "não era, porém, a grande avenida do progresso econômico para a maioria da população" (MILLS, 1987, p. 272).

Essa observação do autor demonstra a ambiguidade do modelo de êxito que vinculava cada vez mais o sistema educacional ao sistema de emprego ou ocupacional, uma vez que, ao mesmo tempo que prega um modelo educacional que se orienta pela busca da igualdade, não é totalmente inclusivo, no sentido de que não há lugar para todos.

Stavenhagen (1973) observou uma tendência na sociologia norte-americana para identificar a mobilidade social como um movimento sempre ascendente, ignorando as possibilidades de descensão social. Adotando a concepção de mobilidade social como um movimento significativo na posição econômica, social e política de um indivíduo ou estrato, o autor constatou que a maioria da literatura a esse respeito tem-se restringido à mobilidade individual (STAVENHAGEN, 1973, p. 144).

Essa articulação entre educação e mercado de trabalho foi produto, em certa medida, de um modelo de regulação que se desenvolveu ao longo do século XX. De acordo com Aglietta (1979), o estudo da regulação do capitalismo não pode ser a busca de leis econômicas e abstratas, mas o estudo da transformação das relações sociais que dão lugar às novas formas econômicas e não econômicas simultaneamente. Elas estão organizadas em estruturas e reproduzem uma estrutura dominante, o modo de produção. Assim, considera o fordismo como um modelo de desenvolvimento, já que se constitui como um tripé, combinando um modelo de organização do trabalho, um regime de acumulação e um modo de regulação. O regime de acumulação aparece como o resultado macroeconômico do funcionamento do modo de regulação, com base num modelo de organização do trabalho.

Nesse modo de regulação, os vínculos entre sistema educativo e sistema de emprego apresentam um encaixe perfeito, traduzido na frase emblemática de Mills (1987): "a educação como elevador social". Esse encaixe foi responsável por certo equilíbrio social que deu sustentação à sociedade salarial definida por Castel como:

> uma sociedade que não é homogênea nem pacificada, mas cujos antagonismos assumem a forma de lutas pelas colocações e classificações mais do que a forma de luta de classes. Sociedade em que, de contraponto, a condição de assalariado se torna modelo privilegiado de identificação (CASTEL, 1998, p. 466).

Observa-se assim que a educação é fator fundamental nesse modelo de organização social e é apontada como elemento crucial para o desenvolvimento econômico. O nível de escolaridade das populações sempre esteve na pauta das discussões estratégicas sobre desenvolvimento. Nesse sentido, a teoria do capital humano pode ser vista como uma tentativa de objetivar uma relação que há muito já se estabelecia.

2

A teoria do capital humano na pesquisa em educação no Brasil

A recepção da teoria do capital humano na pesquisa em educação no Brasil, suas influências e críticas e ulterior desdobramento, merece um capítulo à parte, porque ela se distingue da recepção que teve na área econômica e na esfera estatal. Essa teoria tem sido muito mais objeto de crítica que referência analítica para pensar os objetos de pesquisa em educação. Essa não é uma observação menor, considerando, como afirma Popkewitz, que:

> las teorías ordenan lo que se ve, se piensa y sobre lo que se actúa. Estas teorías pueden no ser explícitas, pero representan principios sobre la naturaleza humana y el cambio, sobre tipos de personas, y sobre compromisos sociales y culturales (POPKEWITZ, 2017, p. 195).

Nesse sentido, a teoria crítica em educação no Brasil tem predominado os espaços acadêmicos e oferecido importante suporte à problematização da sociedade atual. Os programas de pós-graduação em educação são os principais espaços de desenvolvimento de pesquisa em educação, não só por meio das teses e dissertações dos seus estudantes, mas, sobretudo, através dos grupos, núcleos e laboratórios de pesquisa que reúnem seus professores/pesquisadores e que contam com recursos públicos de agências de fomento em âmbito federal e estadual, tais como a Coordenação de Aperfeiçoamento de Pessoal de Nível Superior (Capes), o Conselho Nacional de Desenvolvimento Científico e Tecnológico (CNPq) e as Fundações estaduais de Amparo à Pesquisa.

2.1 A recepção da teoria do capital humano nas relações entre educação e economia

As discussões sobre a relação entre educação e economia que consideram as possibilidades da mobilidade social e a aplicação da teoria do capital humano aparecem de forma mais significativa nos meios acadêmicos na pesquisa em educação no Brasil nos anos de 1960. Na área da educação, pode-se considerar como marco duas coletâneas que foram publicadas como livros nesse período. A primeira foi organizada pelos professores Luiz Pereira[17] e Marialice Foracci[18], em 1963, com o título "Educação e sociedade" (PEREIRA & FORACCI, 1987); a segunda foi

---

17 Luiz Pereira, professor de Sociologia na Faculdade de Filosofia de Araraquara, a partir de 1963, até pouco antes de sua morte, em 1985.

18 Marialice Mencarini Foracchi (1929-1972), socióloga da antiga Faculdade de Filosofia, Ciências e Letras Universidade da São Paulo, falecida prematuramente.

organizada pelo mesmo Professor Luiz Pereira, em 1967, com o título "Desenvolvimento, trabalho e educação" (PEREIRA, 1974).

A primeira coletânea reúne a tradução de textos clássicos da sociologia da educação indispensáveis às discussões sobre educação e desenvolvimento. Já a segunda coletânea é composta da tradução de textos de economistas notáveis como Paul Baran, Frederick Harbison e o próprio Theodore Schultz, entre outros, contendo ainda as conclusões e recomendações da mencionada Conferência sobre Educação e Desenvolvimento Econômico e Social na América Latina, com as contribuições da Cepal. Considerando, como adverte Popkewitz, que:

> Las traducciones no son copias, sino articulaciones creativas que presentan una serie de retos que no tratan simplemente acerca de encontrar las palabras adecuadas. Implican el reto de comunicar los sistemas de razonamiento históricos, sociales y culturales vinculados a los idiomas (POPKEWITZ, 2017, p. 205).

Destaca-se que essas traduções trazem uma narrativa da história presente daquele momento que, a despeito de terem sido forjadas em outros contextos, influenciam a leitura da realidade educacional brasileira. Essas leituras foram amplamente usadas nos cursos acadêmicos de educação (Pedagogia e Licenciaturas) e na nascente pós-graduação em educação no país. Nesse período, a teoria do capital humano aparece como um objeto novo que exerce certa atração sobre um considerável número de pesquisadores. Merece destaque a influência da Universidade de Stanford, nos Estados Unidos, na formação de muitos pesquisadores brasileiros que realizaram seus doutorados entre os anos de 1960 e 1980. Esses pesquisadores constituem, ao lado de outros com formação em variadas instituições e países, a geração que estruturou a pós-graduação em educação no Brasil; em especial, participando da criação da Associação Nacional de Pós-Graduação e Pesquisa em Educação (ANPEd).

Destaco aqui, dois de seus presidentes, Jacques Velloso, com sua tese intitulada: *Human capital and Market segmentation: an analysis of distribuition of the earnings in Brazil,* defendida em 1974, Glaura Vasques de Miranda, com sua tese também defendida nos anos de 1970, na qual desenvolveu análises sobre a participação feminina nas atividades econômicas no Brasil (MIRANDA, 1983). Esses pesquisadores foram responsáveis pela formação de várias gerações na pós-graduação em educação, ele na Universidade de Brasília (UnB) e ela na Universidade Federal de Minas Gerais (UFMG). Ambos tiveram ainda forte atuação na Associação Nacional de Política e Administração da Educação (Anpae).

A década de 1980 aquece o debate acerca da teoria do capital humano, mas, dessa vez, trazendo perspectivas críticas a essa leitura. No estudo crítico realizado pelo economista Cláudio Salm, publicado no livro "Escola e trabalho", a relação entre educação e desenvolvimento foi problematizada. Salm (1980) elaborou nesse estudo uma crítica concisa à teoria do capital humano. Posteriormente, o trabalho realizado por Gaudêncio Frigotto, produto de sua tese de doutoramento na PUC de São Paulo, em 1983, e publicado como livro em 1989, com o título "A produtividade da escola improdutiva", trouxe significativa contribuição para as pesquisas sobre o tema trabalho e educação a partir de fundamentada crítica à teoria do capital humano, mas também de algumas interpretações desta na realidade brasileira, mais especificamente ao referido estudo produzido por Salm.

Salm (1980) defendeu a tese de que o capitalismo prescinde da educação formal e que existe uma total falta de vínculo entre empresa e escola. Para ele, o problema consiste na desvinculação existente entre educação e trabalho e não na subordinação da escola ao capital. Situou aí o grande problema do planejamento educacional brasileiro que para ele se via diante de

> [...] uma contradição insolúvel entre o objetivo de democratização das oportunidades educacionais por um lado e a adequação ao mercado de trabalho por outro. Se se atende ao primeiro, não se atenderá ao segundo, pois o mercado requer um mínimo de educação para a maioria e o máximo para a minoria. E atender ao mercado de trabalho é também discriminar o acesso à educação. Enquanto os mundos do trabalho e da educação estiverem separados, não se resolve o impasse (SALM, 1980, p. 35-36).

A partir de um resgate dos escritos de Marx sobre educação e da abordagem do processo de trabalho como processo de valorização, Salm (1980) concluiu que a formação da mão de obra para o capitalismo é algo que se dá no interior da empresa, não necessitando, portanto, de instituições externas para efetuá-la.

Nas palavras do próprio autor: "fica evidente que a adequação da mão de obra é basicamente um produto natural do próprio processo de trabalho, que é ao mesmo tempo, portanto, processo de formação do trabalhador" (SALM, 1980, p. 91).

A grande preocupação que parece levar Salm (1980) à análise da relação entre escola e trabalho repousa no que ele denomina "um monstruoso inchaço" da escola, diante de um "amesquinhamento crescente" dos postos de trabalho. A preocupação demonstrada pelo autor naquele momento, há mais de 40 anos, reflete a mesma ordem de problemas que o sistema educacional e o sistema de emprego enfrentam na atualidade.

Um importante questionamento colocado por Salm (1980), no entanto, diz respeito aos muitos anos de escolarização que os indivíduos passam a receber, a que ele chamou de um aparelho escolar espichado. Identificou assim o conflito que dá origem às suas reflexões sobre o tema: "o agigantamento patológico do sistema educacional e as condições de trabalho aviltadas para a maioria" (SALM, 1980, p. 20).

O autor acabou concluindo que a formação dos trabalhadores para o capitalismo se dá sob e pelo domínio do próprio capital. Os requisitos exigidos pelo capital para o desempenho do trabalho são por ele oferecidos, sem que seja necessário recorrer à escola ou outra instituição. Assim, reduziu a crítica à escola como instituição capitalista a "um desvio economicista tão ao gosto do pensamento marxista vulgar e do pensamento conservador" (SALM, 1980, p. 91).

A crítica que o estudo de Salm (1980) recebeu por sua confiança demasiada nos ideais de John Dewey pode ser conferida no referido livro de Frigotto (1993). Ele identificou um recuo nas análises de Salm (1980), quando apelou para o ideal liberal de escola defendido por Dewey.

É interessante observar que os escritos de Salm (1980), embora pretendessem solucionar o conflito entre escola e trabalho, acabaram aprofundando ainda mais o fosso existente nessa relação, ao considerar a escola como uma instituição isolada ou impermeável às demandas diretas de qualificação para o trabalho. Sobre esse ponto, destaca-se: i) Que o autor parecia depositar descabida fé na escola como instituição democrática; ii) Com relação ao papel que atribui ao processo de carreira no interior das hierarquias burocráticas das empresas, parece desconsiderar a formação prévia que os trabalhadores recebem na escola, sem a qual nem mesmo seriam selecionados por aquelas instituições.

A crítica de Salm (1980) à teoria do capital humano vinha justamente no sentido de negar os vínculos entre escolarização formal e produtividade. Questionando as possibilidades reais de cálculos de taxa de retorno de acordo com os níveis educacionais, ele negava a relação direta entre o maior investimento em educação, seja pelos próprios indivíduos ou pelo Estado, e o retorno que os primeiros poderiam auferir em termos de renda e salários. A relação custo-benefício no tocante à educação formal e produtividade é algo que também não parece muito evidente para o autor.

Salm (1980) compreendia que o papel da escola era manter a ordem, ele se fundamenta na noção de que cada formação histórica apresentava um tipo específico de educação, o que Durkheim (1987) muito bem definiu[19]. Interessante aspecto a ser destacado na análise do autor é, entretanto, sua ferrenha oposição aos críticos dos elos entre escola e trabalho no capitalismo, tendo feito a opção de negar esse vínculo, sem, contudo, reconhecer na pedagogia da fábrica um conhecimento específico produzido pelos próprios trabalhadores.

Nesse sentido, o trabalho de Salm (1980) parece ignorar a possibilidade de resistência dos trabalhadores à organização do trabalho, a qual denominava "pedagogia capitalista". A referência à formação endógena ao trabalho, em suas análises, não considerava as possibilidades de construção de um conhecimento autônomo de classe (OLIVEIRA, 1992).

Ao propor que a escola fosse pensada sob o prisma das necessidades democráticas, descolada da realidade do trabalho, o autor demonstrava pouca sensibilidade para tratar um problema que identificava com clareza e precisão metodológica: o fato de o mercado de trabalho não absorver toda a força de trabalho disponível. Sendo o modo de produção capitalista calcado em relações de exploração, dividido entre os que possuem capital e os possuidores de força de trabalho, como poderia o trabalhador desfrutar de um ambiente democrático, quando sua sobrevivência não estivesse garantida?

No capítulo sexto inédito de *O capital*, Marx (1969) procurou demonstrar que no capitalismo é imprescindível que os trabalhadores consigam se inserir no mercado de trabalho, sem o que não terão garantidas a sua própria sobrevivência material:

> O homem pode viver apenas na medida em que produz os seus meios de subsistência e só pode produzi-los na medida em que se encontre na posse de meios de produção, na posse das condições objetivas do trabalho. Compreende-se assim que se o operário for despojado dos meios de produção, também ficará privado dos meios de subsistência e, inversamente, que um homem privado de meios de subsistência não pode criar nenhum meio de produção (MARX, 1969, p. 70).

É possível identificar assim um caráter dual para com a escola no pensamento de Salm (1980), que demonstrava certo descaso ao considerá-la do ponto de vista econômico, uma esfera improdutiva, porém necessária à manutenção da ordem, por outro lado, do ponto de

---

19 Segundo Durkheim (1987, p. 38), "cada sociedade, considerada em momento determinado de seu desenvolvimento, possui um sistema de educação que se impõe aos indivíduos de modo geralmente irresistível [...] há pois a cada momento um tipo regulador de educação do qual não nos podemos separar sem vivas resistências, e que restringem as veleidades dos dissidentes".

vista político, considerava-a como o espaço possível de resistência naquilo que denominava luta pela democracia.

Essas críticas ao estudo de Salm (1980) não significam negar a grande contribuição que seu trabalho trouxe e ainda traz para esse campo de análise. A lucidez com que o autor tratava as questões do desemprego, considerando-o como o grande problema a desafiar os sistemas de ensino nos seus objetivos de preparar indivíduos para o mercado de trabalho era um prenúncio do que hoje se observa, a partir do acirramento do padrão excludente de acumulação (SALM et al., 1982).

Neste tópico, buscou-se esboçar o contexto em que emergiu a discussão sobre educação e trabalho no Brasil, recentrando os estudos sobre educação e economia, tomando como pontos de referência as obras que mais marcaram as análises produzidas naquele período. A intenção foi resgatar importantes contribuições que nos últimos anos passaram despercebidas em muitas análises produzidas, quer no campo conservador, quer no campo crítico, e que são essenciais para compreender os desdobramentos mais recentes da relação entre educação e economia, ou educação e trabalho, e a permanência da teoria do capital humano.

2.2 A teoria do capital humano no cerne da relação educação e trabalho

O trabalho de Frigotto (1993) sobre a crítica à teoria do capital humano merece destaque como uma grande contribuição para a compreensão da relação entre educação e trabalho. O autor demonstrou que o conceito de capital humano, constituindo o construtor básico da economia e educação, encontra seu próprio campo de desenvolvimento no seio das discussões sobre os fatores explicativos do crescimento econômico. É o nexo básico entre educação e desenvolvimento.

No contexto em que surgem as teorias de Schultz sobre a necessidade de investimento em educação como capital humano, um novo estilo de êxito pessoal estava sendo fomentado, estilo que não estava mais embasado na livre-iniciativa, mas nos valores e atributos pessoais de cada empregado, inserido numa grande corporação monopolista, conforme demonstrado no capítulo anterior. Concebendo o trabalhador como um recurso a mais empregado no processo produtivo, essas teorias atribuíam à educação o lugar de principal fator de investimento, já que era concebida como produtora de capacidade de trabalho.

> [...] o conceito de capital humano – ou, mais extensivamente, de recursos humanos – busca traduzir o montante de investimento que uma nação faz ou os indivíduos fazem, na expectativa de retornos adicionais futuros. Do ponto de vista macroeconômico, o investimento no fator humano passa a significar um dos determinantes básicos para aumento da produtividade e elemento de superação do atraso econômico. Do ponto de vista microeconômico, constitui-se no fator explicativo das diferenças individuais de produtividade e de renda, consequentemente, de mobilidade social (FRIGOTTO, 1993, p. 41).

Surgida no bojo da ideologia desenvolvimentista, a teoria do capital humano contribuiu largamente para o discurso e crença na eficácia da educação como instrumento de distribuição de renda e equalização social. Essa teoria apareceu assim como instrumento indispensável aos países subdesenvolvidos para alcançar o desenvolvimento pretendido. Ela parte da suposição de que o indivíduo na produção era uma combinação de trabalho físico e educação ou treinamento. Considerando o indivíduo como produtor de suas próprias capacidades de produção, denomina investimento humano o fluxo de despesas que o próprio sujeito deve efetuar em educação para aumentar a sua produtividade.

Concebendo a renda como resultante da produtividade, a diferença de rendimentos é explicada, nessa teoria, pela diferença de capacidade de produção. Dessa maneira, a educação é tomada como um instrumento de eficiente equalização social e distribuição de renda. Frigotto (1993) lembra que durante algum tempo:

> desenvolveu-se uma grande quantidade de trabalhos sobre análises de custo-benefício, taxa de retorno, e mesmo técnicas de provisão de mão de obra cujo objetivo, no primeiro caso, é tentar mensurar, no nível micro, o efeito de diferentes tipos e níveis de escolarização, em termos de retorno econômico; e, no segundo, buscar ajustar requisitos educacionais a necessidades do mercado de trabalho nos diferentes setores da economia (FRIGOTTO, 1993, p. 45).

A teoria do capital humano foi desenvolvida sob o estatuto epistemológico do positivismo e do pensamento liberal clássico. Como demonstrado pelo autor, essa teoria apareceu como produto da ideologia capitalista, apresentando um caráter circular:

> Enquanto a educação é tida, na ótica do capital humano, como fator básico de mobilidade social e de aumento da renda individual, um fator de desenvolvimento econômico, nestas análises, o fator econômico, traduzido por um conjunto de indicadores socioeconômicos, é posto como sendo o maior responsável pelo acesso, pela permanência na trajetória escolar e pelo rendimento ao longo dessa trajetória. O que é determinante vira determinado (FRIGOTTO, 1993, p. 51).

A circularidade dessas análises é congruente com a circularidade das teorias desenvolvimentistas, o que reforça ainda mais seus nexos e facilita a compreensão não só do contexto de que emergem, como também os desdobramentos seguintes.

> A teoria do valor-trabalho que privilegia as condições de produção é substituída pela ideia de utilidade que enfatiza a órbita de troca de valores de uso. A ideia de troca, por sua vez, supõe de imediato a ideia de igualdade de condições dos agentes. Esta redução estabelece o conceito de fator de produção. Capitalistas e trabalhadores apresentam-se no mercado, ambos legalmente iguais, como proprietários de fatores de produção (FRIGOTTO, 1993, p. 64).

A noção de investimento em educação como capital humano, ou desenvolvimento das capacidades produtivas dos indivíduos, está fortemente associada à ideia de John Locke a respeito do princípio do trabalho e da propriedade. Sendo todos os homens livres e dependendo todos do trabalho para sua sobrevivência, aqueles que trabalharam conquistaram seu direito de propriedade sobre a terra que cultivaram. Portanto, aqueles que se encontram sem terras não receberam o direito de apropriar-se dela, por não a haverem cultivado.

É a velha noção de acumulação primitiva tão criticada por Marx (1983) na sua grande obra *O capital*. Trata-se da justificativa moral da desigualdade social, a partir de uma falsa noção de igualdade formal. O que no passado era colocado como imperativo para a mobilidade social, na atualidade transforma-se em apelo à empregabilidade ou ao empreendedorismo. Se outrora o que estava em disputa era um trânsito na estrutura social, no presente ela está muito mais dirigida à inclusão na vida produtiva, mas essas noções são conviventes. Em ambas as situações, a educação parece desempenhar papel crucial na manutenção da ordem vigente.

Como observam Carnoy e Levin (1993), a educação no capitalismo se constitui como parte das funções do Estado e, por isso mesmo, é campo de conflito social. O Estado nas democracias capitalistas é responsável pela promoção da justiça e da igualdade, devendo compensar as desigualdades que emergem do sistema social e econômico. A educação é vista, então, como o processo que permite melhorar a posição social dos grupos carentes, dispondo a seu alcance os conhecimentos e o credenciamento para que possam participar da vida social. Assim, o Estado capitalista e seu sistema educacional devem reproduzir as relações capitalistas de produção, entre as quais a divisão do trabalho e as relações de classe.

A partir dos anos de 1960, os sistemas educacionais estatais passaram a enfrentar uma forte crítica que estava dirigida ao princípio de justiça que o fundamenta, ou seja, o ideal de igualdade de oportunidade. Essa crítica buscava demonstrar o papel reprodutor das relações sociais desempenhado pelo sistema escolar, identificando as instituições educacionais como reprodutoras das concepções da classe dominante (BAUDELOT & ESTABLET, 1971; BOURDIEU & PASSERON, 1992). Ela foi amplamente incorporada às produções acadêmicas que se dedicavam à análise da educação brasileira nesse período.

Para Carnoy e Levin (1993), essas críticas ignoram o fato de que as escolas públicas refletem também as demandas sociais, pois são as reivindicações sociais que acabam por moldarem o Estado e a educação. Os autores consideram que a educação pública não é inteiramente obediente às imposições do capitalismo, ela pode não colaborar da maneira mais favorável para a criação de uma força de trabalho que contribua para uma tranquila acumulação de capital. Considerando essa afirmação, conclui-se que a educação é um campo constante de conflito e disputa e que por isso pode assumir dinâmicas bastante variáveis.

Para os autores, as reformas exigidas podem parecer cooptadas ou manipuladas, porém, supor que elas sejam inteiramente manipuladas é subestimar a consciência dos grupos subalternos de sua posição dominada na sociedade capitalista. Isso porque, para o autor, os conflitos trabalhistas e os movimentos sociais determinam a mudança social e são profundamente determinados por ela. À medida que o capitalismo se modifica, algumas das reivindicações feitas às escolas pelos capitalistas também se alteram, ainda que o tema básico, da reprodução das relações de produção, permaneça o mesmo. Em suas palavras: "Analogamente, as reivindicações dos movimentos sociais têm-se alterado com a mudança social, ainda que sem alteração do tema básico da ampliação de seus direitos como trabalhadores e como cidadãos" (CARNOY & LEVIN, 1993, p. 67).

2.3 A empregabilidade como desdobramento da teoria do capital humano

O mercado de trabalho nas economias globalizadas vem apresentando desde as últimas décadas do século passado aumento significativo do emprego precário, queda generalizada dos salários, ampliação do trabalho informal e uma crescente taxa de desemprego. Nesse contexto, surge o termo empregabilidade que, de acordo com Leite (1997), foi criado mais para encobrir que para explicar a realidade. A autora ressalta que o conceito se refere à capacidade dos trabalhadores de se manterem empregados ou encontrar novos empregos, quando demitidos, a partir de suas possibilidades de resposta às exigências de maiores requisitos de qualificação demandados pelas mudanças tecnológicas do processo produtivo.

Para ela, o princípio que está por trás desse conceito é que o desemprego tem como causa a baixa empregabilidade do trabalhador, sendo, portanto, ele mesmo o responsável por sua condição de desempregado, ou, em outras palavras, por sua inadequação às exigências do mercado. Nesse sentido, o termo "empregabilidade" que desde então vem sendo utilizado indistintamente por diferentes setores sociais como definidor de uma situação presente é oportunamente criticado por Leite:

> Em primeiro lugar, ele (o conceito de empregabilidade) parte do falso pressuposto de que o desemprego não é causado por um desequilíbrio entre as dimensões da população economicamente ativa e as ofertas de trabalho no contexto das atuais relações de trabalho e de produção, mas sim por inadequações dessa população às exigências de qualificação colocadas pelo novo paradigma produtivo. Isso implica a suposição de que há oferta de trabalho para toda a população economicamente ativa e que se trata, portanto, de adaptar a demanda de emprego por parte dos trabalhadores às exigências da oferta (LEITE, 1997, p. 64).

A autora discute a fragilidade desse conceito já que os investimentos em qualificação e formação profissional não têm sido suficientes para contrabalançar as tendências ao desemprego. Por isso, chama a atenção para o fato de que a educação não pode ser colocada como a grande saída para a crise da chamada empregabilidade, nem como uma panaceia social e mágica. Seu argumento é que a educação não pode pretender resolver problemas que não lhe dizem respeito diretamente, como

> [...] a crescente utilização de uma tecnologia altamente poupadora da mão de obra no quadro de um modelo de desenvolvimento baseado em relações de trabalho autoritárias e em relações de produção centradas na busca do lucro e na concentração do capital (LEITE, 1997, p. 65).

O conceito de empregabilidade responsabiliza o trabalhador pela sua condição de desempregado. O trabalhador é o culpado pelo seu desemprego ou pela sua falta de emprego, já que ele não atende às demandas do mercado de trabalho, seja por maiores especializações, escolaridade ou nível salarial. Essa situação, segundo a autora, contribui ainda mais para uma visão acrítica por parte do trabalhador em relação à precarização do trabalho, o que faz com que aceite trabalhar sob condições quaisquer, como forma de escapar ao desemprego.

Segundo Machado (1998), o conceito de empregabilidade articula-se às exigências de competência, como uma nova expressão nas relações entre capital e trabalho no contexto de reestruturação capitalista. Para ela, as noções de competência estão intimamente relacionadas com um modelo de empregabilidade orientado para a busca do imediato e da valorização da obtenção do sucesso individual.

> Assim a competência enquanto atributo pessoal se identifica com o ser rentável e o saber competir, a capacidade de pertencer ao mercado por direito, de con-

correr e fazer cumprir o objetivo de maximização das condições de venda da própria força de trabalho, mostrando que entre os dois termos – competência e competir – há mais que uma identidade etimológica, há uma identidade com a lógica do capital (MACHADO, 1998, p. 21).

A autora também identifica nesse contexto um discurso a favor da educação formal, proferido por analistas ligados aos organismos internacionais e aos institutos do setor empresarial brasileiro, fundado em argumentos que soam como uma reedição das teorias do capital humano.

Nesse sentido, o apelo à empregabilidade busca mobilizar a subjetividade dos trabalhadores, torná-los responsáveis pelo seu destino o que, em certa medida, imprime uma lógica de responsabilização sobre eles. Essa lógica repousa sobre a noção do sujeito reflexivo moderno (GIDDENS, 2002) que deve, a partir do conhecimento da sua ação, melhorar sua prática e poder fazer suas escolhas. Essa lógica de responsabilização moral e profissional tem sido largamente usada nos sistemas atuais de organização do trabalho nas empresas e nos serviços públicos. A reflexividade favorece o processo de responsabilização moral e profissional por meio de mecanismos formais, em que os sistemas de medição de desempenho e cumprimento de metas, amplamente difundidos na atualidade, depositam sobre os trabalhadores a responsabilidade por sua produtividade.

Nesse caso específico, de acordo com Pochmann, Barreto e Mendonça (1998), o conceito de empregabilidade torna-se mais polêmico, presente nos debates sobre formação e educação profissional nos meios sindicais, pois:

> A preocupação fundamental com a utilização desse conceito é evitar a transferência ideológica para o trabalhador, no plano individual, da responsabilidade social pela obtenção de seu emprego, como se não houvesse responsabilidade do Estado e da sociedade na execução de políticas ativas de emprego e, particularmente, como se não houvesse relação entre geração de emprego e definição de uma política de crescimento econômico (POCHMANN; BARRETO & MENDONÇA, 1998, p. 20).

Para Laval (2004, p. 15) as transformações na organização do trabalho explicam em grande parte as modificações escolares reclamadas pelas forças econômicas e políticas dominantes. Para o autor, o ideal de referência da escola passa a ser o trabalhador flexível, de acordo com os cânones da nova representação do gerencialismo.

Ao lado de forte retórica que insiste na formação geral oferecida pela escolarização formal como principal eixo de qualificação da força de trabalho, Leite (1997) alerta para a possibilidade de que o aumento dos níveis de escolaridade pode ocorrer simultaneamente com uma precarização maior do emprego e com o rebaixamento salarial. Nesse sentido, considera que a realidade contradiz uma crença antiga da Sociologia do Trabalho, segundo a qual a tendência à utilização de mão de obra mais escolarizada implicaria a melhoria das condições de trabalho:

> As principais causas desse fenômeno parecem ser, de um lado, a tendência mundial à elevação da escolaridade, que vem levando a um aumento significativo da oferta de mão de obra mais escolarizada; e, de outro, o próprio crescimento do desemprego que, no contexto de mercados de trabalho pouco regulados ou tendentes à desregulamentação, enfraquece significativamente a capacidade de barganha dos trabalhadores (LEITE, 1997, p. 67).

Ao analisar as ênfases da pesquisa sobre trabalho e educação diante do estágio de desenvolvimento capitalista a que o mundo assiste no final do século passado aos nossos dias, Frigotto (1998) põe em questão análises que buscam ajustar a educação e formação profissional à reestruturação produtiva concebida como consequência da nova base técnica e dos processos de globalização. Segundo o autor, "esta perspectiva parte de desenvolvimento, ciência e tecnologia despidas de relações sociais e no pressuposto do pleno emprego" (FRIGOTTO, 1998, p. 35).

É importante perceber a distinção entre relações de emprego e relações de trabalho nesse contexto. Por um lado, é possível definir as relações de emprego como sendo aquelas concernentes às formas contratuais, ou seja, as que determinam as condições salariais, de seguridade e de jornada de trabalho. Essas condições referem-se às formas de negociação e barganha do que pode ser previsível e mensurado nas relações de trabalho. Isto é, são relações que podem ser executadas precisamente segundo a prescrição. O termo relação de emprego figura na Consolidação das Leis do Trabalho (CLT) como uma relação jurídica estabelecida.

Tais relações são formais, mesmo que nem sempre legais. Melhor dizendo, elas devem basear-se em determinações legais, embora muitas vezes isso não ocorra. Ainda assim, são relações passíveis de serem discutidas e reparadas nos foros legais, o que atribui ao contrato de fato a legitimidade necessária para reclamar direitos negados. Por outro lado, é possível definir como relações de trabalho aquelas que ocorrem no âmbito do processo de trabalho e que muitas vezes a norma legal não comporta. As relações de trabalho dizem respeito, necessariamente, às formas como o trabalho é realizado, à execução das tarefas e atividades e às relações de poder no interior da empresa. Essas relações também são alvo da tentativa de prescrição e de normalização; constituem, entretanto, matéria difícil para a Administração e o Direito.

A primeira relação diz respeito ao que Marx (1969) definiu como capital variável. Os custos dos empregadores com salários e benefícios sociais são despesas plenamente passíveis de cálculos exatos e objetivos: são embutidos nos preços dos produtos e, dessa forma, não constituem ônus para os capitalistas. Já as relações de trabalho se constituem no campo das relações de poder entre capital e trabalho, o que não quer dizer que as primeiras também não sejam produtos dessa relação. As relações de trabalho compreendem exatamente a dinâmica interna do processo de trabalho enquanto processo de produção de valor:

> No interior do processo imediato de produção já não existe o capital variável nem na forma monetária nem na mercadoria; existe sob a forma do trabalho vivo de que aquele se apropriou mercê da compra da capacidade de trabalho. E é apenas devido a esta transformação do capital variável em trabalho que a soma de valores adiantada sob a forma de dinheiro ou mercadorias se converte no fim de contas em capital (MARX, 1969, p. 72).

Dessa forma, as primeiras relações aqui definidas como de emprego remetem-se ao campo da institucionalidade, mesmo que sua expressão dependa da correlação de forças entre capital e trabalho. E as segundas, relações de trabalho, refletem o espaço da mais-valia, da exploração consentida na estrutura social. Essa distinção é importante para a compreensão do atual quadro de mudanças.

As transformações ocorridas nas últimas décadas vêm repercutindo em alterações nas relações de emprego e trabalho. A precarização das formas contratuais, implicando rebaixamento salarial, perdas em seguridade e outros benefícios sociais, é produto de mudanças nas relações de trabalho, nas quais os trabalhadores vêm sendo sistematicamente submetidos a formas de exploração autoritárias. São relações autoritárias, sobretudo, porque são pensadas segundo os interesses do empregador ou do capital, distintos dos interesses dos trabalhadores. Muitas vezes essas mudanças são realizadas sem a participação dos trabalhadores, sequer de suas representações, os sindicatos e associações gremiais. A organização do trabalho no capitalismo é a forma como o capital organiza a produção objetivando sua própria acumulação. Para os trabalhadores, a organização do trabalho é, portanto, a estratégia de organização e luta do capital por seus interesses de classe. Entretanto, com o desenvolvimento tecnológico assistido no mundo nas últimas décadas, com o incremento do *home office* e outras formas de trabalho permitidas pelo uso da internet e outros meios, essas relações se tornam cada vez mais complexas.

Os trabalhadores, por seu turno, resistem à organização do trabalho, justamente pelo caráter antagônico aos seus interesses e, dessa maneira, impulsionam o processo de mudança no capitalismo. As mudanças tecnológicas e organizacionais no processo de trabalho são muitas vezes reação do capital às resistências dos trabalhadores, tendo como um de seus grandes objetivos a substituição do trabalho vivo pelo trabalho morto. Nesse sentido, o desenvolvimento tecnológico é produto de uma relação social que implica necessariamente disputa de poder, que envolve relações entre classes (capitalistas e trabalhadores), mas também interclasse, porque envolve ainda as relações de concorrência entre capitalistas e a participação dos usuários. Contudo, são relações interdependentes, pois, à medida que o capital altera suas formas de organização e controle sobre o trabalho em resposta às resistências dos trabalhadores, recupera antigas cedências e, dessa maneira, inaugura novos patamares de concorrência (BERNARDO, 1991).

Ainda é preciso salientar que as relações não mudam apenas no interior do local de trabalho, nas formas de realização do trabalho e no exercício do poder no interior da empresa. O desenvolvimento tecnológico promove mudanças que extrapolam essas fronteiras e englobam a vida em sociedade: o consumo de bens materiais e culturais, a esfera da vida doméstica, do lazer etc. Ele permite o desempenho de atividades a distância, o trabalho virtual que pode ser realizado a qualquer hora do dia ou da noite, durante a semana ou nos finais de semana e feriados, o que faz com que o controle do tempo já não é aquele fixo, determinado por uma jornada de trabalho diária, definida pelo relógio e prevista no calendário. Essas relações de trabalho passam a interferir nas formas contratuais, modificando as relações de emprego.

Considerando tais questões estruturais, fica evidente o limitado poder da educação para resolver os problemas de exclusão social. A insistente retórica sobre o caráter salvacionista da educação é irresponsável, pois alimenta um modelo perverso e excludente de desenvolvimento. A educação é, sem dúvida, condição indispensável à inserção dos trabalhadores no processo produtivo diante do padrão tecnológico e informático de produção, mas não há lugar para todos. Com certeza, ela tem-se tornado cada vez mais condição para o emprego formal e razoavelmente bem remunerado, mas não é a solução para a inclusão de todos no mercado de trabalho, ou capaz de proporcionar uma vida digna em sociedade para toda a humanidade.

O problema do desemprego está na forma de organização e desenvolvimento adotado e isso a educação formal ou informal por si só não resolve. O acesso à educação em todos os níveis para toda população, mais que necessário, deve se constituir em um direito independente dos retornos pragmáticos e utilitários que a instrução possa oferecer ao setor econômico. Entretanto, esse direito não pode estar atrelado à capacidade produtiva do indivíduo.

Frigotto (1998) indaga em que medida a insistência no impacto das novas tecnologias sobre o mundo da produção e do trabalho, sem entendê-las como produto de relações sociais excludentes, não tornaria as análises limitadas e adaptativas. Essa observação é importante para a compreensão das relações entre escolaridade e empregabilidade. Nesse sentido, arremata:

> O balanço não é nada auspicioso. Trinta anos depois da disseminação da teoria do capital humano, nada daquilo que se postulava se efetivou – a possibilidade da igualdade entre nações e entre grupos sociais e indivíduos, mediante maior produtividade e, consequentemente, em termos das nações, maior competitividade e equilíbrio e, entre grupos e indivíduos, ascensão na carreira profissional, mobilidade social e consequente diminuição das desigualdades (FRIGOTTO, 1998, p. 38).

Mais vinte anos se passaram desde esse balanço, ou seja, meio século de teoria do capital humano, e as constatações são as mesmas apontadas acima: as promessas de futuro não se cumpriram. Por que, então, essa teoria segue como uma importante referência para a agenda da educação na atualidade?

2.4 A vigência da teoria do capital humano na agenda de pesquisa em educação no século XXI

A veemência com que se insiste nos postulados da teoria do capital humano em pleno século XXI impõe a necessidade de se compreender de onde vem tal força argumentativa. Como um discurso se impõe de forma hegemônica, apesar da vasta crítica produzida sobre ele ao longo dos últimos cinquenta anos? Por que tais críticas não foram assimiladas por segmentos sociais que lutam por maior justiça social? O que há de tão convincente nessa teoria ao ponto de governos da direita à esquerda a adotarem como um princípio de verdade?

Para Laval (2004) a noção de capital humano se espalhou por múltiplos canais e por interesses diversos. Baseando-se na realidade francesa, o autor explica que nos anos de 1970, os partidos de esquerda e os sindicatos retomaram esse raciocínio para legitimar os esforços do Estado em matéria de investimento em ensino público. Mas ele adverte que "Essa metáfora do "capital humano" desemboca, todavia, em uma visão muito empobrecida dos efeitos do "investimento no saber", essencialmente considerado como uma fonte de ganhos de produtividade" (LAVAL, 2004, p. 26-27).

De acordo com Ospina (2015), a teoria do capital humano apresenta uma análise da instrumentalização da educação, da formação, da capacidade de trabalho e do estado de saúde do homem, e até mesmo do seu próprio ser, que é considerado da mesma natureza de uma máquina, que se torna objeto ao ser convertido em bens comerciais que se vendem no mercado. A teoria do capital humano determina a possibilidade de colocar um preço no mercado à produtividade de um tipo de trabalho determinado, à ação do próprio homem e o desenvolvimento de suas capacidades superiores, no lugar de permitir-lhe contribuir para uma sociedade melhor e mais digna.

A partir das referências da Escola de Frankfurt, mais especificamente de Adorno, Horkheimer e Habermas, o autor considera que a teria do capital humano, nos escritos de Shultz:

> [...] ratifica la mercantilización del ser humano en esta teoría, considerar que la población como un recurso escaso con valor económico, implica asimilarlo a cualquier producto, cuya oferta y demanda varía según se tenga una mayor o menor demanda de este tipo de bien, de esta forma se está negando el sí mismo que a cada hombre se le ha dado como suyo propio, que lo hace distinto de todos los demás (OSPINA, 2015, p. 323).

Ainda de acordo com esse autor, a teoria do capital humano ganha importância à medida que gera um movimento produtor de conhecimento, do qual participa também a sociedade por meio do sistema educativo e investigativo, assim como as empresas. Esse conhecimento participa do mundo empresarial, não só em forma de máquinas, equipamentos e matérias-primas, mas também no crescimento da capacidade para gestar os processos administrativos, de produção e comercialização; transforma-se no que se tem denominado conhecimento organizacional; entendido como a capacidade de uma companhia para gerar novos conhecimentos, disseminá-los entre os membros da organização e materializá-los em produtos, serviços e sistemas; este tipo de conhecimento representa a base da inovação e a competitividade das organizações. Nesse processo, observa-se uma hegemonia da racionalidade instrumental, sob o signo da desumanização da sociedade reduzida a sistema, condicionada aos requerimentos da lógica econômica dominante.

Mais uma vez recorrendo a Popkewitz (2017), a ideia de que os humanos têm sua própria ordem no tempo, separada da natureza e dos princípios teológicos, é tributária de uma noção de história, na qual o passado humano se converte em algo que pode aportar inteligibilidade ao mundo e ao eu. O passado, o presente e o futuro se vincularam fisicamente à tecnologia do relógio, mas também a práticas culturais acerca de quem são as pessoas e quem elas deveriam ser. O tempo se inscreveu em novas formas de reflexão que possibilitaram pensar em desenvolvimento, evolução e crescimento humanos. Essa temporalidade fez surgir ideias de progresso do homem como um processo planificado, de vontade humana e planejamento social e individual da vida.

A teoria do capital humano é resultante dessa lógica. É, na realidade, um raciocínio pragmático que busca atribuir cientificidade à intencionalidade de progresso humano convergente com desenvolvimento capitalista. Entretanto, o acirramento das desigualdades sociais, paradoxalmente ao crescimento dos níveis de escolaridade, põe em dúvida a efetividade dessas teorias e denuncia cada vez mais a impotência da educação como o adequado instrumento para a distribuição mais equitativa de recursos e rendimentos.

Alguns autores argumentam que, com a reconfiguração das estruturas capitalistas, a partir das crises iniciadas nos anos de 1970, a teoria do capital humano passou por um processo de ressignificação, sustentada pela ideia de indivíduo como proprietário de capital humano e consumidor de conhecimentos (GENTILI, 2002; LUNDGREN, 2013; MOTTA, 2012).

No caso brasileiro, Frigotto (1998) considera que a partir dos anos de 1980 houve uma exacerbação das teses conservadoras, ressuscitadas pelo neoliberalismo. Para ele, a delegação de responsabilidade ao trabalhador pela sua condição de desempregado, presente nas políticas públicas para educação e emprego durante os governos de Fernando Henrique Cardoso, nos anos de 1990, constitui-se em profunda violência ideológica num movimento no qual "as vítimas do sistema excludente viram os algozes de si mesmos" (FRIGOTTO, 1998, p. 46).

É justamente no mercado de trabalho formal e regulamentado que se desenvolve uma relação cada vez mais desproporcional entre a oferta e a procura de empregos, o que tem levado as empresas a elevar os níveis de exigência quanto à escolaridade. O discurso em torno das exigências de novo perfil de trabalhador, apto e adaptável às mudanças frequentes no processo de trabalho e detentor de uma sólida formação educacional condizente aos novos padrões tecnológicos, tem contribuído para a fetichização da moderna empregabilidade.

Contudo, a realidade vem mostrando considerável distância entre o que é propagado como requisitos indispensáveis aos bons empregos e o que realmente tem sido oferecido aos trabalhadores. O cenário cada vez mais competitivo leva a permanente insegurança como demonstra Laval:

> a insegurança atinge não apenas a posse de um emprego, mas, igualmente, o conteúdo do ofício, a natureza das tarefas, a participação em uma empresa, as qualificações que se possuem em uma organização do trabalho mais "fluida". O enfraquecimento do valor simbólico dos diplomas, a instalação de práticas de avaliação de competências mais próximas das situações profissionais, a influência maior das empresas na determinação de conteúdos de formação, participam desta insegurança quase ontológica dos trabalhadores, cuja amplidão é mostrada por certos trabalhos sobre a "desqualificação" social (LAVAL, 2004, p. 19).

Para Kuenzer (1998), esse contexto de ampliação da demanda por educação formal e diminuição de postos de trabalho revela uma face perversa do processo de desenvolvimento, na qual à escola é destinado um papel de instância de seleção prévia daqueles mais "educáveis", segundo as exigências do processo produtivo:

> Reforçar, pura e simplesmente, a tese oficial de que a escolaridade complementada por alguma formação profissional confere empregabilidade, é, no mínimo, má-fé. Por outro lado, afirmar que não adianta lutar por mais e melhor educação, é, mais do que matar a esperança, eliminar um espaço importante para a construção de um outro projeto, contra-hegemônico (KUENZER, 1998, p. 69).

A autora assim destaca o desafio posto às pesquisas em trabalho e educação no contexto brasileiro do final do século XX. Analisando as pesquisas em trabalho e educação, realizadas no âmbito do Grupo de Trabalho número 9 da ANPEd, ela chama a atenção para o pouco rigor com que algumas categorias analíticas, tais como reestruturação produtiva, estavam sendo utilizadas.

Aceitando que se trata de uma categoria importante para a análise dessa relação, parece necessário proceder a distinção conceitual entre "reestruturação produtiva" e "reestruturação capitalista" para se compreender a fetichização da moderna empregabilidade, sustentada pelos fundamentos da teoria do capital humano. Trata-se de conceitos distintos, embora o primeiro esteja contido no segundo. Por reestruturação capitalista compreende-se o atual estágio de desenvolvimento do modo de produção capitalista em todas as suas dimensões: econômicas, políticas, culturais e, sobretudo, sociais. E por reestruturação produtiva compreendem-se as alterações ocorridas no processo produtivo abarcando mudanças tecnológicas, organizacionais e gerenciais.

A distinção entre os dois conceitos é importante para compreender as várias dimensões do problema. A questão educacional, pretensamente colocada como resposta às demandas da reestruturação produtiva, tem, na verdade, respondido a exigências de um desenvolvimento capitalista altamente concentrador. A análise das políticas educacionais desvinculadas das políticas econômicas mais amplas e das demandas por qualificação profissional enfraquece uma visão crítica que possa contribuir na construção de alternativas.

Assim, as mudanças que ocorrem nas relações de trabalho e emprego na atualidade devem ser observadas como resultantes de um processo de macroreestruturação econômica sob o capitalismo. O discurso em torno da reestruturação produtiva tende a interpretar esse processo como algo quase natural e inevitável, sem interrogar seus fins. Por isso, é importante discutir as noções de desenvolvimento que foram sendo historicamente construídas e incorporadas pelo senso comum. A noção de progresso técnico está imbricada à ideia de evolução e, por isso mesmo, de desenvolvimento como algo bom e esperado, sobre o qual é difícil se opor. Por isso, é importante considerar, como adverte Popkewitz (2017, p. 195), que a história é política, sua construção encarna os princípios da participação em suas concepções de pertencimento a comunidades cujas linhagens se confirmam ou se negam apelando à história.

Nesse sentido, a educação escolar (geral) como formação profissional passou a ser requisito fundamental para o desempenho da reestruturação produtiva, para responder às demandas de processos de trabalho cada vez mais informatizados, robotizados, ou seja, com o emprego constante de recursos tecnológicos. Esse discurso passou a ser dominante desde um pouco antes da virada do século no interior dos órgãos de decisões governamentais, entre setores empresariais e até sindicais. Essa visão pode ser assim sintetizada:

> O conjunto dos requisitos profissionais impostos pelas novas tecnologias compõe um novo perfil profissional básico que, se observado atentamente, permite vislumbrar a necessidade de revisão da estrutura dos sistemas educacionais, de modo a se chegar a uma educação que integre os objetivos que estão identificados com os conteúdos da educação geral, aqueles que dizem respeito à formação especial (FOGAÇA, 1992, p. 22).

Ao mesmo tempo que essa educação formal passou a ser uma exigência também para a inserção qualificada dos indivíduos na sociedade do século XXI:

> a convivência com as novas tecnologias, seja como operário qualificado e/ou semiqualificado, seja como consumidor ou usuário, exige dos indivíduos, antes de qualquer outra formação específica que possa receber da escola ou da empresa, uma sólida base de conhecimentos gerais. Esta base de conhecimentos é colocada como pré-requisito, como uma condição *sine qua non* de integração não só às atividades produtivas, mas à própria sociedade onde predomine o paradigma da automação flexível (FOGAÇA, 1992, p. 23).

Pochmann, Barreto e Mendonça (1998), analisando as medidas macroeconômicas no período entre 1990 e 1998 no Brasil, concluíram que elas levaram à desintegração de parte da cadeia produtiva e à reestruturação de grandes grupos econômicos através de fusões de empresas e introdução de programas de inovação tecnológica e organizacionais. O processo resultou numa realidade heterogênea, na qual passaram a conviver empresas modernas com tecnologia de ponta e o retraimento, o fechamento e desnacionalização de outras ao longo da cadeia produtiva.

A observação dos autores é que o encolhimento do setor secundário, tendo como consequência a diminuição dos empregos regulares e regulamentados naquele período, não assistiu, necessariamente, a uma substituição de novas ocupações no setor terciário nas mesmas quantidades, qualidades e nível de remuneração. Nesse contexto, observaram nas empresas maior tendência a valorizarem mais a escolaridade dos trabalhadores, excluindo os menos escolarizados dos chamados empregos "bons". Para os autores:

> Tudo isto ocorre de acordo com os novos métodos de gestão da mão de obra, provenientes da introdução de programas de qualidade total, reengenharia, rendimentos variáveis, jornadas flexíveis de trabalho, abonos salariais associados a metas de produção etc. (POCHMANN; BARRETO & MENDONÇA, 1998, p. 13).

Constatam ainda que houve significativas alterações no padrão de emprego no Brasil naquele período, mesmo para aqueles que permaneceram empregados no segmento assalariado formal. Foram alterações que dizem respeito à qualificação da força de trabalho, à taxa de rotatividade, a mudanças na composição setorial (correspondendo a uma redução dos setores primários e secundários e crescimento do setor terciário) e na qualidade do emprego.

O apelo ao empreendedorismo, os programas de geração de trabalho e renda aparecem nesse contexto como uma importante estratégia de ocupação para os "sem empregos", mas ao mesmo tempo contribuem para a naturalização dessa realidade perversa, à medida que aceitam as noções de empregabilidade e competência, reduzindo os problemas estruturais do desemprego a uma questão de méritos pessoais.

A flexibilização, como marca do atual estágio de desenvolvimento, definindo, inclusive, o padrão de acumulação[20], e tendo como sua melhor expressão o *just in time,* com sua adaptabilidade às demandas de mercado, tem-se revelado o grande argumento na retirada de direitos trabalhistas. Além de estratégias tais como as cooperativas e outras formas de trabalho autônomo com o fenômeno da "uberização"[21], que se apresentam como uma alternativa mais econômica para o consumidor e uma ferramenta interessante para o empresariado fugir das suas obrigações de fato, como o contrato de trabalho e o vínculo empregatício.

Essa retirada de direitos dos trabalhadores, no caso brasileiro, teve seu mais incisivo gesto muito recentemente na reforma trabalhista de 2017, uma das principais medidas tomadas pelo governo do presidente Michel Temer (2016-2018). Por meio da Lei n. 13.467/2017, essa reforma promoveu um conjunto de alterações, considerado o maior já realizado, nos dispositivos da CLT.

A educação, no entanto, parece ser convocada nesse cenário para uma dupla tarefa: para aqueles que possuem emprego formal e regulamentado com carteira assinada, como meio essencial para a manutenção de seu emprego, através da atualização constante e para as poucas

---

20 Refiro-me aqui ao conceito de acumulação flexível (HARWEY, 1994) já descrito em nota anterior.

21 Cf. entrevista com Márcio Pochmann: "A uberização leva à intensificação do trabalho e da competição entre os trabalhadores" [Disponível em http://www.epsjv.fiocruz.br/noticias/entrevista/a-uberizacao-leva-a-intensificacao-do-trabalho-e-da-competicao-entre-os]

possibilidades de ascensão na carreira; e para os excluídos do mercado de trabalho formal, como instrumento para o desenvolvimento de capacidades que possibilitem o acesso a ocupações informais ou para o empreendedorismo.

Entretanto, se por um lado a realidade foi tão dinâmica no sentido das mudanças ocorridas nas últimas décadas no Brasil e no mundo, tanto no que se refere ao contexto econômico quanto político, por outro a pesquisa acadêmica dirigida à análise sobre educação e economia parece não ter tido a mesma capacidade de renovar-se. As pesquisas sobre educação e economia, no contexto brasileiro, parecem ter perdido lugar para a busca de resposta às demandas colocadas pelo imediatismo das políticas conjunturais ou se perderam na velha ortodoxia que não apresenta novidades.

A presença da teoria do capital humano nos discursos governamentais, nas recomendações dos organismos internacionais para a educação, bem como sua assimilação por importantes segmentos sociais, como o empresariado, terceiro setor e sindicatos demonstram a atualidade desse debate e sua permanência como objeto de pesquisa.

3

A teoria do capital humano e sua difusão pelos organismos internacionais

O Pisa como tecnologia de poder

Como discutido nos capítulos anteriores, tornou-se lugar-comum na última década do século passado o apelo à educação geral como condição necessária para o ingresso das populações no terceiro milênio, como forma de garantir seu domínio dos códigos da modernidade. Apelo que pode ser sintetizado na emblemática frase "*a educação como passaporte para o futuro*" (DELORS, 1998), inscrita no Relatório para a Unesco da Comissão Internacional sobre Educação para o Século XXI, no final dos anos de 1990, dispondo sobre os problemas enfrentados pela educação no mundo naquele final de século e os desafios a serem enfrentados no século XXI. Esse relatório apresenta recomendações para a educação do século XXI que deverá estar assentada em quatro pilares: aprender a ser – as experiências educativas permitem o desenvolvimento de aprendizagem vinculada com a identidade das pessoas; aprender a conviver – a capacidade para o entendimento mútuo, a valorização e prática da convivência harmônica e democrática; aprender a conhecer – a habilitação das pessoas para a aprendizagem continua ao longo da vida; aprender a fazer – assim como a habilitação dos sujeitos para empreender-se nos diversos âmbitos da vida (DELORS, 1998).

Uma das mais importantes defesas desse documento é a "Aprendizagem ao longo da Vida", que, de acordo com Canário, trata-se de

> uma espécie de concretização dos ideais do movimento de educação permanente, sem as preocupações de humanização do desenvolvimento que foram a imagem de marca das políticas da Unesco durante os anos de 1970 (FINGER & ASÚN, 2001) e num contexto em que desapareceu da linha de horizonte a perspectiva do pleno emprego (CANÁRIO, 2006, p. 31).

Para esse autor, na atualidade, as políticas e práticas de educação escolar inscrevem-se num conjunto mais vasto e coerente de políticas de educação e formação funcionalmente subordinadas aos imperativos da racionalidade econômica dominante e, portanto, às exigências de "produtividade", "competitividade" e "empregabilidade". De acordo com Canário (2006), a emergência desta realidade nova, decorrente do processo de globalização, conduz a encarar a educação como uma mercadoria, concebendo-a como um processo de produção para o mercado de trabalho de indivíduos "empregáveis", "flexíveis", "adaptáveis" e "competitivos".

Os argumentos em defesa da educação geral para a população mundial vão desde seu caráter indispensável para a inserção dos trabalhadores no processo produtivo, no mercado de trabalho, até sua contribuição para a real participação na dita sociedade do conhecimento. Em ambos os casos, percebe-se a educação tomada como um mecanismo que possa propiciar melhor distribuição de renda.

Esses argumentos estão presentes em estudo realizado para o Fundo das Nações Unidas para a Infância (Unicef), por Carnoy (1992), no início dos anos de 1990, quando da organização da Conferência Mundial sobre Educação para Todos. Nesse estudo, o autor expõe as principais razões para os países em desenvolvimento investirem em educação básica. Tendo como fundamento resultados de pesquisas empíricas e estudos realizados, muitos deles sob os auspícios do Banco Mundial, Carnoy (1992) defende a premência no investimento em educação básica. Seu principal argumento é que:

> a educação básica cria famílias mais saudáveis, que podem, por sua vez, educar melhor suas crianças. Uma educação de qualidade aumenta a produtividade econômica, desenvolve um moral social e psicológico mais elevado e proporciona um senso maior de participação social e política, à medida que a população conquista seus direitos. Essa participação gera um desenvolvimento mais profundo, abrindo caminhos para mudanças estruturais de longo prazo, sustentadas pela capacidade das pessoas de melhorar suas próprias vidas (CARNOY, 1992, p. 5).

Para ele, não há desenvolvimento no mundo atual sem investimento em educação. Argumenta que, quando a maior parte da população sabe ler, escrever e calcular, os conhecimentos se acumulam e se disseminam, ao passo que, quando apenas uma pequena parcela da sociedade tem acesso ao conhecimento escrito, o desenvolvimento é limitado. No mundo tecnologicamente desenvolvido e integrado pela informática, negar a alfabetização às populações é, de acordo com o autor, negar-lhes a oportunidade de participar da cultura humana:

> Considerando que o desenvolvimento e o bem-estar humanos dependem mais do que nunca da acumulação, processamento e utilização de conhecimentos e que a educação básica é o principal veículo de comunicação da leitura, da escrita e do cálculo, de geração a geração, essa educação tornou-se um direito universal em todas as sociedades. As pessoas não podem integrar-se às instituições social e economicamente modernas, ao sistema mundial de informações e não podem desenvolver sua plena participação política e social sem saber ler, escrever e calcular. Atualmente, não se pode garantir os direitos humanos sem garantir também esse direito universal (CARNOY, 1992, p. 7).

Segundo o autor, argumentos de ordem empírica, histórica e moral devem convencer os governos da prioridade máxima em garantir a alfabetização e os conhecimentos básicos de matemática para todos, já que se constituem as bases efetivas para um desenvolvimento nacional sustentável. Sendo assim, considera que a melhor saída para os países em desenvolvimento é investir numa educação básica de alta qualidade, se não quiserem ficar na contramão do desenvolvimento mundial.

Para Carnoy (1992), os primeiros anos de formação de uma criança são fundamentais para que ela possa ter uma vida produtiva e fecunda. Por isso, defende maior escolaridade para os pais, já que, quando estes são mais instruídos (quando as mães concluem pelo menos os quatro primeiros anos do Ensino Fundamental), podem tomar melhores decisões sobre a vida das crianças e até mesmo sobre o número de filhos que deverá ter, o que valoriza a educação dos mesmos.

É dessa forma que entende a vinculação entre educação, saúde, nutrição e planejamento familiar:

> à medida que os países investem em projetos de saúde, nutrição, abastecimento d'água, saneamento e planejamento familiar para melhorar a infraestrutura do desenvolvimento econômico e humano, quanto maior o número de adultos alfabetizados e a parcela da população com formação educacional básica, maior o retorno desses projetos de infraestrutura para o desenvolvimento. Por outro lado, quanto menos educado um povo, mais cara a implementação de projetos desta natureza (CARNOY, 1992, p. 14).

Recorrendo a pesquisas e estudos realizados por Susan Cochrane, especialista em educação e saúde do Banco Mundial, Carnoy (1992) defende maior escolarização das mães. Sua base educacional tem que ser capaz de proporcionar conhecimentos bastantes para que as mulheres possam melhor decidir sobre a nutrição, a higiene e saúde de seus filhos, podendo ainda interferir no planejamento familiar.

As razões pelas quais as taxas de fertilidade caem, à medida que as mulheres passam a ter acesso a maior escolaridade, variam desde a mudança na visão de mundo que elas passam a ter, sobretudo em relação aos métodos anticoncepcionais, até a preocupação com o tamanho ideal de uma família. Carnoy (1992) salienta que a maior escolarização das mulheres interfere nas taxas de mortalidade infantil e no planejamento familiar, pois, à medida que recebem maior educação, encontram maiores oportunidades de ocupação no mercado de trabalho. Tal processo faz com que as mulheres adiem a idade para se casar, já que muitas começam a trabalhar antes do casamento e passam a pesar mais a decisão de ter filhos, tendo em vista suas perspectivas de emprego e carreira.

O mesmo autor considera que o rápido crescimento populacional tem prejudicado os esforços de muitos países para melhorar a qualidade de vida de seus habitantes: "o inchaço da população de jovens impede que muitos deles tenham acesso a serviços sociais como educação e assistência médica e os força a crescer na pobreza" (CARNOY, 1992, p. 20).

É nesse contexto que considera a redução das taxas de fertilidade um componente importante em qualquer programa de desenvolvimento. Para ele, isso depende em grande parte da educação das mulheres. Se a alfabetização já contribui na redução das taxas de fertilidade, maior é o impacto quando a educação ultrapassa o Ensino Fundamental. Por essas razões, conclui que a melhor política para reduzir as taxas de fertilidade nos países em desenvolvimento é ampliar a educação das mulheres.

O argumento que parece, no entanto, preponderante sobre a importância da educação básica está na relação desta com o desenvolvimento econômico dentro dos padrões exigidos de qualificação profissional. Nesse ponto, a educação básica, entendida como capacidade de leitura e escrita e domínio dos cálculos matemáticos elementares, passou a ser indispensável aos processos de formação em serviço:

É mais fácil treinar trabalhadores com uma educação básica de melhor qualidade e estes, por sua vez, aprenderem novas tarefas e desenvolverem novas aptidões. A educação básica parece ser crucial para uma maior produtividade e crescimento, seja pelos conhecimentos acadêmicos que transmite ou pelo desenvolvimento da capacidade de concluir tarefas (CARNOY, 1992, p. 25).

Nesse aspecto, os estudos desse autor se fundamentam na teoria do capital humano para reforçar a ideia de que os indicadores de produtividade ilustram o efeito direto da educação sobre a capacidade de produzir e aumentar a produtividade econômica dos países. As referências de Carnoy (1992) centram-se na relação custo-benefício que a educação apresenta, quando calculada sua taxa de retorno:

> Em função da dificuldade de avaliar a produtividade nos empregos como um todo, o valor econômico da educação básica geralmente é calculado com base nas diferenças de renda entre os trabalhadores que concluíram o Ensino Fundamental e alguns anos da educação secundária e os que não tiveram essa escolarização (CARNOY, 1992, p. 31).

Ele ainda chama a atenção para o fato de que, com o passar dos anos, as taxas de retorno tendem naturalmente a cair, demonstrando que os países em diferentes estágios de desenvolvimento devem adotar diferentes estratégias de investimento educacional:

> Outros resultados estatísticos mostram que, nos primeiros estágios de desenvolvimento econômico, a taxa de matrícula para a educação fundamental tem uma forte relação com o crescimento econômico. Os países em desenvolvimento de baixa renda precisam do Ensino Fundamental como um pré-requisito para o desenvolvimento e, uma vez iniciado esse processo, os indivíduos que concluem esse estágio educacional podem oferecer grandes contribuições ao desenvolvimento através de sua maior produtividade (CARNOY, 1992, p. 33).

A partir do argumento de Schultz, segundo o qual a maior contribuição da educação é melhorar a capacidade dos indivíduos de utilizar os recursos disponíveis para produzir bens e serviços, Carnoy (1992) defende que as escolas sejam meios de garantir que todos os jovens adquiram e desenvolvam as aptidões cruciais à sobrevivência econômica e ao progresso dos países. Essas aptidões são fornecidas pelo cálculo, pela leitura e escrita, habilidades que a educação básica deve garantir.

> Nas sociedades modernas, a aquisição de conhecimentos básicos de matemática e a alfabetização prestam-se à mesma finalidade, promovendo a capacidade das pessoas de produzir bens, seguir instruções e ter um senso crítico em suas atividades. Presentes na força de trabalho, essas qualidades melhoram a produtividade e, consequentemente, a produção econômica (CARNOY, 1992, p. 35).

O autor acredita que essa educação capacita os produtores rurais a adotarem novas tecnologias, aumentando sua renda. Acredita ainda que, com as habilidades adquiridas na educação básica, os indivíduos desenvolvem suas capacidades de adaptar as mudanças, as novas maneiras de produzir e, principalmente, de tomar decisões.

Dessa forma, a educação básica contribui para aumentar a produtividade e, ainda mais, para socializar os jovens, no sentido de agirem eficientemente nas sociedades modernas, ao mesmo tempo que os prepara para um bom desempenho em seus futuros empregos. Além disso, as escolas cumprem o importante papel de manter os jovens fora da "cultura marginalizada da pobreza", durante pelo menos parte do dia:

> Ensinando os jovens a terem um desempenho eficiente nas organizações modernas, as escolas os ajudam a responder mais rapidamente, com mais boa vontade e de uma maneira mais previsível às orientações de seus supervisores. Além disso, jovens escolarizados podem aprender a trabalhar eficientemente com outras pessoas dentro de uma organização – desenvolvendo o chamado trabalho de equipe –, uma vez que esse tipo de comportamento também é recompensado na escola (CARNOY, 1992, p. 37).

O autor considera que a escola é passagem crucial da vida dos indivíduos, determinando os que terão sucesso ou fracassarão na vida, a partir da *performance* que obtêm no seu percurso escolar.

> De acordo com esta linha de pensamento para que a educação básica possa desenvolver indivíduos economicamente produtivos, deve ter como objetivo principal fazer com que todas as crianças sejam bem-sucedidas na escola. Este objetivo questiona o conceito de educação básica como filtro, que seleciona as relativamente poucas crianças que conseguem realizar as tarefas entre a grande maioria de crianças que fracassa nessas tarefas e não conclui sua educação (CARNOY, 1992, p. 38).

O autor propõe de forma sintética cinco maneiras para aumentar o impacto dos investimentos educacionais:

> 1) Assegurar que a educação básica seja organizada para alfabetizar e transmitir conhecimentos básicos de matemática a todas as crianças, num nível compatível com os padrões internacionais. Propõe que outras maneiras sejam buscadas com a finalidade de educar todas as crianças, evitando que a educação básica funcione como um filtro.

> 2) Nas economias predominantemente agrícolas, concentrar os recursos na educação básica oferecida em áreas rurais, onde o retorno da escolarização, na forma de maior produtividade agrícola, é expressivo. O retorno será maior se os produtores rurais tiverem acesso a insumos adicionais e se forem implementadas reformas agrárias e outras mudanças estruturais.

> 3) Mesmo que não existam empregos suficientes no mercado formal de trabalho para absorver todos os alunos que concluem o curso básico, essa educação, quando organizada para produzir jovens confiantes e bem-sucedidos, pode contribuir significativamente para aumentar a produtividade em atividades autônomas informais. Mais educação aumenta a eficiência produtiva dos pequenos empresários. O crescimento da produtividade é ainda maior, quando a pequena empresa tem acesso à moderna tecnologia, o que tende a ocorrer quando a escolarização é orientada para desenvolver a autoconfiança e um senso de sucesso em todos os alunos.

4) Para aumentar a produtividade econômica, é importante oferecer esse tipo de educação básica tanto aos homens como às mulheres. Por sua própria natureza, as mulheres costumam tomar decisões econômicas e frequentemente desempenham papéis importantes no setor informal, dirigindo pequenos negócios ou comercializando produtos agrícolas. Além disso, sua crescente participação nos mercados informais de trabalho indica que as economias em desenvolvimento precisarão contar cada vez mais com mulheres trabalhadoras produtivas.

5) Quanto mais os trabalhadores tiverem responsabilidade decisória na produção, maior o impacto dos investimentos educacionais sobre a produção econômica como um todo (CARNOY, 1992, p. 42).

A grande preocupação das agências internacionais ligadas à ONU e de outros centros formuladores de políticas sociais vem se concentrando, todavia, em torno do imperativo da redução das desigualdades sociais por meio de melhor distribuição de renda. Por isso, o autor considera que a educação cumpre um papel primordial nesse objetivo, pois, se não for suficiente para equalizar a distribuição de renda, ela possibilita uma partilha mais equitativa, elevando o nível educacional da força de trabalho. Esse objetivo poderá ser alcançado, segundo Carnoy (1992), se se investir em educação básica de qualidade para toda população, o que aumenta em potencial a produtividade dos alunos:

> [...] promovendo a ascensão social dos desfavorecidos mediante a expansão da educação básica, as desigualdades de renda tendem a diminuir. À medida que mais pessoas vão tendo acesso a essa educação, aumenta a produtividade mesmo que os empregos não sejam tão bons (de alta remuneração) quanto aqueles obtidos pelos que completaram o curso básico antes (CARNOY, 1992, p. 50).

Ainda segundo o autor, quando a renda e a riqueza são mais equitativamente distribuídas, a massa da população se compromete mais com as políticas de desenvolvimento. Além de concentrar recursos na educação básica, os governos passam à população uma mensagem, cujo objetivo é demonstrar que estão comprometidos com o aumento da capacidade produtiva de todos. Por essas razões, Carnoy (1992) chega a sugerir que os governos subsidiem a educação básica para todos, mesmo que para isso tenham que cobrar pela educação superior. Ressalta ainda a importância de se criar nos países de baixa renda um "ambiente de aprendizagem":

> [...] a criação de um ambiente desse tipo é particularmente importante nos países de baixa renda, onde o número de empregos disponíveis é relativamente baixo e o desenvolvimento deve ser gerado a partir da capacidade generalizada de seus povos de identificar soluções para os problemas econômicos que estão enfrentando (CARNOY, 1992, p. 82).

Ele acredita que nenhum outro investimento em curto prazo seja mais eficaz para prevenir o desenvolvimento de uma cultura permanente de pobreza. Assim, reitera a necessidade, frequente em muitos países em desenvolvimento, de obter empréstimos internacionais para alcançar metas educacionais.

Esse estudo de Carnoy (1992) e suas recomendações indicam como os referenciais da teoria do capital humano, presentes no ideário desenvolvimentista na região latino-americana, continuam a prevalecer diante da globalização econômica.

Desde a referida Conferência Mundial sobre Educação Para Todos, realizada em Jomtien, na Tailândia, em março de 1990, a referência perseguida pelas políticas educativas, sobretudo para os países pobres e populosos do mundo, passou a ser a educação para a equidade social. O Foro Mundial sobre Educação, realizado dez anos depois em Dakar, Senegal, em abril de 2000, ratificou a necessidade de avançar na obtenção dos objetivos educativos em busca de maior equidade, definidos e estabelecidos na referida Conferência e, por fim, na mesma direção, o Fórum de Educação de 2015, em Incheon na Coreia. A Declaração de Incheon expressa o compromisso dos países e da comunidade mundial educacional com a Agenda Educação 2030, que propõe medidas "urgentes para transformar vidas através de uma nova visão da educação"[22]. A Declaração de Incheon é também a origem dos Objetivos de Desenvolvimento Sustentável (ODS), em que incumbe a Unesco, como organização especializada na Educação, de continuar com a função que lhe foi conferida de liderar e coordenar a agenda Educação 2030.

A América Latina e o Caribe viveram uma onda de reformas educativas, a partir dos anos de 1990, na qual os organismos internacionais tiveram forte influência sobre as políticas nacionais. Tal influência foi exercida por meio de assistência técnica prestada aos ministérios ou na forma de empréstimos. Dentre esses organismos, destaca-se o papel da Unesco e da Cepal, mas também do Banco Mundial, estimulando a participação dos governos nacionais em projetos conjuntos, tendo por finalidade estabelecer referências comuns para as políticas educativas. Uma iniciativa que merece relevo pelo seu caráter regional foi a criação, em novembro de 2002, do Projeto Regional de Educação para América Latina e Caribe (Prelac), que se estruturou por meio de quatro princípios básicos e cinco focos estratégicos para orientar a ação pública em educação (UNESCO, 2002), sendo eles:

> • Passar da ênfase aos insumos e às estruturas a uma ênfase nas pessoas como agentes ativos que através de sua própria prática produzem, modificam ou reproduzem as condições em que atuam.

> • Transcender a ideia de educação como mera transmissão de conteúdos e se entender como uma área consubstancial ao desenvolvimento integral das pessoas.

> • Afirmar de modo crescente a necessidade de atender a diversidade deixando de lado os tratamentos homogêneos e homogeneizadores da população.

> • Postular de modo crescente que a tarefa educativa é uma responsabilidade da sociedade em seu conjunto entendendo esta como uma sociedade educadora, transcendendo o foco exclusivo posto nas instituições educativas como espaços educativos (UNESCO, 2007)[23].

Observa-se uma mudança no discurso, os enfoques neoclássicos que depositaram demasiada força nos insumos são substituídos por abordagens mais flexíveis em que os sujeitos (agora denominados pessoas) são responsáveis por suas ações. Em consequência, a educação, a aprendizagem em si, deve considerar que os sujeitos (as pessoas) são portadores de individualidades, de histórias e experiências. É destacada ainda a transcendência da função educativa

---

22 Disponível em https://unesdoc.unesco.org/ark:/48223/pf0000233137

23 Cf. "Situación educativa de América Latina y el Caribe: garantizando la educación de calidad para todos". Unesco, 2007. Livre tradução das citações pela autora.

para fora da escola, este último aspecto remete à noção de cidades educadoras, com referência ao Relatório Edgar Faure, publicado em 1972, com o título *Apprendre à Être* (Aprender a ser).

Segundo ainda o referido Documento do Prelac, o ponto de partida de tais políticas se traduz em um entendimento de que a educação de qualidade é aquela que garante o direito à educação, abordando exitosamente aspectos vinculados a:

> • **Relevância** da aprendizagem das pessoas. Essa dimensão de análise refere-se à necessidade de que as experiências educativas estejam orientadas e assegurem o desenvolvimento de aprendizagem que efetivamente habilitem as pessoas para a vida contemporânea. Essa dimensão remete aos quatro pilares descritos no Relatório da Unesco (DELORS, 1998), já mencionado.

> • **Pertinência** das experiências educativas. Essa dimensão de análise refere-se à flexibilidade das experiências educativas de tal sorte que se ajustem às condições particulares das pessoas, valorizem a diversidade e suscitem espaços de participação.

> • **Equidade** educativa. O caráter universal de um Direito Humano fundamental torna peremptório considerar em que medida o direito se faz efetivo para todos, já que de outra forma se nega seu caráter universal. O fato de que a educação seja definida como um direito a torna um objeto próprio da ação pública e, nesse sentido, a ação estatal cobra particular importância. Isso leva a necessidade de considerar em que medida a operação pública, por meio das políticas e sistemas educativos, permite:

> - Alcançar objetivos centrais da política educativa traduzidos em metas específicas; isto é, em que medida a operação pública obtém **eficácia**. Este âmbito refere-se ao alcance de metas concretas como, entre outras, a expansão da atenção integral à primeira infância, o acesso e a conclusão universal da educação primária, a garantia do alcance de aprendizagem dos alunos.

> - Desenvolvimento de ações com apego à necessidade de honrar os recursos que a coletividade destina à tarefa pública, isto é, em que medida a operação pública é **eficiente** (UNESCO, 2007)[24].

O enfoque do documento acima citado apresenta uma visão da situação educacional supostamente fundada em uma perspectiva de direitos, contudo, a concepção de direito universal que informa essas orientações políticas não parece ser a mesma que norteou a referenciada Declaração dos Direitos do Homem. Ao reafirmar os pilares da educação para o século XXI (DELORS, 1998) e sugerir como modelo de gestão pública a implementação de ações com base a atingir as cinco dimensões acima descritas, o Prelac acaba por demonstrar que uma educação para todos, como aquela que promove a equidade, porque contempla a diversidade, tem sido cada vez menos uma educação pública que garanta igualdade de acesso e, sobretudo, de condições objetivas e subjetivas, a um direito universal, a educação pública como um bem comum.

Na realidade, esse documento reflete as contradições de um dualismo presente nas recomendações dos organismos internacionais para a educação, na tensão entre a defesa de uma

---

24 Id.

perspectiva humanista, que se afirma em busca de uma educação inclusiva e democrática, e a defesa de uma educação que responda aos interesses econômicos imediatos.

3.1 Os organismos internacionais e a agenda da educação no século XXI

De acordo com Dale (2001), com a globalização vai se organizando no mundo uma Agenda Globalmente Estruturada para a Educação (Agee), como um movimento que busca determinar o que, para quem, por quem e como deve se dar a educação no mundo. Nessa agenda, alguns organismos internacionais desempenham papel-chave, com especial destaque, na atualidade, para a Ocde, o Banco Mundial e, no caso específico da América Latina, a OEI, a Unesco e a Cepal, como já comentado.

A forte presença que tem esses organismos na América Latina pode ser constatada nos muitos eventos internacionais que promovem e nos numerosos estudos produzidos para governos nacionais, normalmente insistindo na especificidade de uma agenda regional, tendo maior capilaridade nos países que não possuem suas próprias estruturas de produção de dados educacionais. Dessa maneira, buscam fornecer informações que sejam supostamente relevantes para estudantes e profissionais da educação, mas, sobretudo, que sejam úteis para os formuladores e implementadores de políticas públicas nos governos da região.

Os organismos internacionais foram desenvolvendo certo protagonismo na orientação da agenda educativa no mundo a partir da segunda metade do século passado, orientados pela matriz da teoria do capital humano. Esse protagonismo permanece tendo na atualidade papel crucial na disseminação dessa teoria e no fortalecimento de políticas em âmbito internacional, convergentes com uma matriz que sustenta um discurso baseado na educação para o desenvolvimento econômico e social. Por meio de relatórios e recomendações, de eventos mundiais que reúnem chefes de Estado, especialistas e lideranças na área de educação, esses organismos vão irradiando determinada concepção de educação que se relaciona com dada interpretação do mundo e do seu desenvolvimento. Entretanto, ao longo desse período, algumas mudanças podem ser percebidas no que se refere ao repertório, aos atores e às recomendações adotadas por esses organismos. Apesar disso, a matriz teórica parece ser mantida, ou seja, a teoria do capital humano segue vigente.

A Conferência Mundial Sobre Educação para Todos pode ser considerada o marco de uma guinada no processo desenvolvido pelos organismos internacionais na agenda educacional internacional. Realizada em Jomtien, na Tailândia, entre os dias 5 e 9 de março de 1990, a Conferência foi convocada pela Unesco, pelo Unicef, pelo Programa das Nações Unidas para o Desenvolvimento (Pnud) e pelo Banco Mundial. Essa Conferência deu origem ao *Education For All*[25] (EFA). Da Conferência, resultaram "*posições consensuais*" que deveriam constituir as bases dos planos nacionais de educação, especialmente dos países mais populosos do mundo, signatários da Declaração Mundial de Educação para Todos.

---

25 EFA ou Educação para Todos é uma iniciativa internacional lançada em 1990 para assegurar a oferta de educação para "todos os cidadãos em todas as sociedades". Para atingir esse objetivo foi organizada uma ampla coalizão de governos nacionais, grupos da sociedade civil e agências de desenvolvimento como a Unesco e o Grupo Banco Mundial [Disponível em https://www.worldbank.org/en/topic/education/brief/education-for-all].

Observa-se nessa iniciativa um movimento explícito de influenciar a agenda educativa global com base em um novo paradigma que leva em conta a necessidade de maior equidade social. A Declaração de Nova Delhi, assinada em 16 de dezembro de 1993, por chefes de Estado dos nove países participantes, reconhece que:

> as aspirações e metas de desenvolvimento de nossos países serão atendidas somente através da garantia da educação para todos os nossos povos [...] a educação é o instrumento preeminente de promoção dos valores humanos universais, da qualidade dos recursos humanos e do respeito pela diversidade cultural (BRASIL, 1993, p. 123).

O termo equidade aparece nos documentos dos organismos internacionais, promotores e participantes da referida Conferência, como o grande princípio orientador das políticas educacionais propostas para os países mais populosos do mundo.

De acordo com Faletto (2009), a questão da equidade ganha novos contornos com o processo de globalização:

> Dado el proceso de democratización, el objetivo de desarrollo que se persigue debe encerrar dimensiones de equidad y, por consiguiente, continúan siendo relevantes temas como la distribución del ingreso y el nivel de consumo de los sectores populares. Además, la equidad no es sólo un requisito de los objetivos de democratización, sino también un elemento clave para la marcha misma de la economía, puesto que la cohesión social, que la equidad hace posible, tiene un papel crucial en el desarrollo económico (FALETTO, 2009, p. 170).

O Banco Mundial teve, durante os anos de 1990, forte presença na educação latino-americana. O Banco Internacional de Reconstrução e Desenvolvimento (Bird) foi criado depois da Segunda Guerra Mundial, na Conferência de Bretton Woods, tendo como objetivo contribuir na reconstrução dos países devastados pela guerra. Segundo Fonseca (1995), sua atuação não se restringiu, contudo, a esses países, tendo desempenhado importante papel na política mais recente das nações em desenvolvimento. Como agência irmã do Fundo Monetário Internacional (FMI), o banco assume ação conjunta com esse órgão, exigindo sempre para seus financiamentos uma carta de compromissos entre os países beneficiados e o fundo.

Na atualidade, o Grupo Banco Mundial tem como instituições-membros o Bird, a Associação de Desenvolvimento Internacional (ADI), a Sociedade Financeira Internacional (SFI), a Agência Multilateral de Garantia e Investimentos (Miga) e o Centro Internacional para Arbitragem de Disputas sobre Investimentos (Icsid). O Grupo Banco Mundial é o maior financiador da educação no mundo em desenvolvimento. Ele está presente em mais de 80 países desenvolvendo programas de educação e está comprometido com o alcance do ODS4, que exige acesso à educação de qualidade e oportunidades de aprendizagem ao longo da vida para todos até 2030[26].

O Banco Mundial se apresenta como uma fonte vital de assistência financeira e técnica para os países em desenvolvimento ao redor do mundo, afirmando se tratar de uma parceria única para reduzir a pobreza e apoiar o desenvolvimento. Para o Banco Mundial, a educação é um poderoso motor do desenvolvimento e um dos instrumentos mais fortes para reduzir

---

26 Disponível em https://www.worldbank.org/en/topic/education

a pobreza e melhorar a saúde, a igualdade de gênero, a paz e a estabilidade. Na atualidade, o Banco Mundial tem um projeto específico denominado Projeto de Capital Humano (HCP), apresentado como um esforço global para acelerar mais e melhores investimentos em pessoas para maior equidade e crescimento econômico[27].

O Banco Mundial começou a expandir seu raio de influência junto aos países da América Latina, à medida que outras agências foram perdendo significado e capacidade de intervenção. De acordo com Fonseca (1997), a importância adquirida por ele, a partir dos anos de 1970, nas políticas públicas brasileiras, é notória. Para a autora, isso se explica pelo desempenho que teve junto aos países mais pobres do mundo, "como estrategista do modelo neoliberal de desenvolvimento e como articulador da interação econômica entre as nações, inclusive, para a negociação de sua dívida externa" (FONSECA, 1997, p. 46).

Ainda segundo ela, a partir dos anos de 1970, o Banco Mundial passou a ser uma das mais relevantes fontes de financiamento para o setor social, assumindo atuação política de monitoramento do processo de ajustes estruturais junto aos países-membros, como base para a implantação, do "globalismo econômico" e comercial. Tal papel era historicamente desempenhado pelo FMI, como órgão normativo e político, enquanto ao Bird cabiam as funções técnicas de financiador de projetos específicos (FONSECA, 1997).

Para Fonseca (1997), as novas funções assumidas pelo Banco Mundial nas últimas décadas do século passado atribuíram-lhe o caráter de principal articulador político entre os países, suplantando, em prestígio, a atuação de outras agências internacionais ligadas à ONU.

Com a preocupação de eliminar a pobreza absoluta, ou seja, reduzir suas taxas de forma significativa, buscando maior harmonia social, diminuindo as possibilidades de emergência de conflitos sociais, o banco começou a investir, a partir de 1974, em educação básica, priorizando o ensino das quatro primeiras séries. Seu objetivo com isso era qualificar a pobreza para sua inserção na economia (FONSECA, 1997).

Segundo Coraggio (1992), essa era uma tendência apontada pelos organismos internacionais naquele momento, final do século XX, que buscavam levar ao desenvolvimento de condições que promovessem o uso produtivo do recurso mais abundante dos pobres: o trabalho. Com essa preocupação, os organismos desenvolveram políticas que canalizaram os incentivos de mercado, as instituições sociais e políticas, a infraestrutura e a tecnologia para tal fim. Assim, investiram-se do papel de promotores de serviços sociais básicos para os pobres, como saúde, planejamento familiar, nutrição e educação primária, com o objetivo de proporcionar maior equidade social.

O Banco Mundial acredita que a educação básica poderá contribuir para a contenção da pobreza, a partir dos seus reflexos na redução das taxas de natalidade, que viria como resultado do acúmulo de informações e maior inserção das mulheres pobres no mercado de trabalho. Entretanto, de acordo com Fonseca (1997), ele produz:

> um discurso de caráter humanitário, o qual corresponde às aspirações de justiça social das nações mais pobres ou, mesmo, daquelas chamadas eufemisticamente de nações em desenvolvimento. Neste sentido, o combate à situação de pobreza

---

27 Id.

passou a ser o carro-chefe da atuação do banco a partir dos anos de 1970. Por definição teórica, este ideal fundamentava-se nos princípios de igualdade e eficiência, significando que a justa distribuição dos benefícios econômicos seria alcançada mediante a atuação eficiente dos setores públicos. Para tanto, requeria-se a incorporação de modelos gerenciais modernos e o estabelecimento de metas realistas para o incremento da produtividade entre as nações (FONSECA, 1997, p. 47-48).

É claro o caráter econômico que guiava a política do banco, definindo uma agenda educativa que fosse coerente com as reformas estruturais que defendia para os países latino-americanos naquele momento. Segundo ainda a mesma autora, a partir da década de 1980, o Bird começa a articular o movimento de globalização com os propósitos da política neoliberal. Suas iniciativas podem ser percebidas, sobretudo, na educação: defende a manutenção pelo Estado apenas das primeiras quatro séries do Ensino Fundamental e, consequentemente, recomenda a privatização dos demais níveis.

Em relatório do Banco Mundial de 1995, denominado "Prioridades e Estratégias para Educação", a educação básica aparece como prioridade, em especial o Ensino Fundamental e primeiro ciclo do ensino secundário. De acordo com Lauglo (1997), são destacados como conhecimentos especialmente importantes, nesse documento, a linguagem, a matemática, as ciências e habilidades em "comunicação". A educação profissional deve ser deixada para provedores privados e para treinamento em serviço. Ressalta ainda que financiamentos privados suplementares também devem ser encorajados para outros tipos e níveis de educação.

A orientação é que a educação básica deve ser fornecida gratuitamente, mas a educação secundária e a educação superior devem estar sujeitas a pagamento de taxas. A prioridade no investimento em educação básica é justificada segundo argumentos que se referem à necessária justiça social e à educação como um direito humano.

De acordo ainda com o autor, o documento está fortemente influenciado pela teoria do capital humano, isto é, pela crença nas taxas de retorno da educação. As pesquisas que demonstram uma estreita vinculação entre educação e desenvolvimento, seja por meio dos ganhos em produtividade, seja em retornos indiretos da educação para a melhoria de vida das populações (como, p. ex., as mudanças nas condições de saúde), parecem receber maior atenção do Banco Mundial.

Essa argumentação é desenvolvida a partir de análises de estudos e pesquisas realizados na sua grande maioria pelo próprio banco por meio de seus consultores. Assim, o autor adverte-nos para o fato de que

> como os governos, o banco desempenha um papel político e tem uma cultura institucional que é mais receptiva a alguns tipos de pesquisa e de conclusões que de outros. Estará predisposto a assimilar aqueles resultados que não contradigam sua orientação geral favorável aos mercados, ao desenvolvimento dos setores modernos e ao Estado centrado na aprendizagem. Em educação, prestará especial atenção aos estudos quantitativos que consideram a educação dentro de um paradigma de função produtiva (LAUGLO, 1997, p. 29).

É interessante a observação do autor em relação ao tipo de conhecimento valorizado pelo organismo, procedendo a uma espécie de seleção de pesquisas e estudos que se enquadram nos paradigmas e nas metodologias que privilegiam uma determinada concepção de educação. A cultura institucional do banco, segundo o autor, é influenciada pelos princípios econômicos neoclássicos, que concebem o ser humano como eminentemente racional, capaz de agir mediante previsão, medindo custos e benefícios.

Para esses organismos, os anos de 1990 deveriam representar a década da transformação produtiva, de mudanças qualitativas para alcançar competitividade no novo mercado mundial. Por isso, a educação deveria estar em estreita vinculação com o mundo do trabalho e da produção, além disso, ela poderia ajudar a eliminar a pobreza, considerada o grande entrave para o desenvolvimento.

Nesse sentido, o Banco Mundial passa a defender a equidade social, mas a parir de um determinado enfoque, como acentua Lauglo:

> Economistas reconhecem a importância da justiça distributiva e, tipicamente, juntam todos os seus aspectos sob o termo equidade. No entanto, a preocupação nuclear será o quão eficientemente a educação fará uso dos escassos recursos, de forma a produzir resultados cognitivos, os quais, por sua vez, melhorarão a produtividade do trabalho (LAUGLO, 1997, p. 31).

Com preocupações muito semelhantes, a Cepal produziu um documento em conjunto com a Unesco, intitulado *Educación y Conocimiento: ejes de la transformación productiva con equidad*, em 1992. No documento, as duas instituições reforçam a centralidade atribuída à educação básica. O caráter indispensável dedicado à educação já havia sido prenunciado em documento anterior, produzido em 1990 pelas mesmas instituições, no qual destacavam algumas recomendações econômicas para os países da América Latina.

No documento de 1992, a educação e o conhecimento são apresentados como eixos centrais da transformação produtiva com equidade, para que se cumpram os objetivos de consolidar e aprofundar a democracia, a coesão social, a distribuição mais equitativa, a participação no que denominam "moderna cidadania" e a competitividade como desempenho econômico eficiente no mercado mundial.

O objetivo do documento específico sobre a educação produzido pela Cepal/Unesco, em 1992, era influenciar as políticas nacionais nos países da América Latina, a partir de uma análise do setor educacional e de propostas para o continente, derivadas das orientações expressas em documento anterior de 1990, intitulado "Transformação produtiva com equidade". Este último partia da constatação de que os sistemas de ensino latino-americanos estavam em crise em termos quantitativos e qualitativos, apresentando uma clara necessidade de reformas nos seus aspectos relativos à rigidez e burocratização, tanto na educação formal quanto no ensino profissionalizante. A proposta abordada no documento é descrita em sete pontos:

> superar o relativo isolamento do sistema de educação, de capacitação e de aquisição de conhecimentos científicos e tecnológicos abrindo-os aos requerimentos sociais; assegurar o acesso universal aos códigos da modernidade; impulsionar a criatividade no acesso, a difusão e a inovação em matéria científico-tecnológica; gestão institucional responsável; profissionalização e valorização dos educadores; compromisso financeiro da sociedade com a educação; cooperação regional e internacional (CEPAL/UNESCO, 1992).

Outra importante fonte de estudos produzida pelos Organismos internacionais ligados à ONU nesse período foram os relatórios anuais produzidos pelo Pnud. Este Programa vem, desde 1990, elaborando relatórios que têm por objetivo medir os índices de desenvolvimento humano na realidade de cada país em todo o mundo. O Índice de Desenvolvimento Humano (IDH) foi elaborado pela ONU para contrapor-se à prevalência do Produto Interno Bruto (PIB) como medida de desenvolvimento, sendo uma estatística composta a partir de dados de expectativa de vida ao nascer, educação e PIB *per capita*, apresentando-se como um indicador do padrão de vida. Assim, o IDH enfatiza três dimensões básicas de desenvolvimento humano: desfrutar uma vida longa e saudável, adquirir conhecimentos e ter acesso aos recursos necessários para um padrão de vida decente. Essas possibilidades são incorporadas ao IDH a partir de variáveis que medem a longevidade, o nível educacional e a renda das populações.

São dados recolhidos em nível nacional a cada ano em diversos países, com a finalidade de serem usados como uma medida para se conhecer o desenvolvimento humano das nações que compõem a ONU.

Essa medida foi desenvolvida pelos economistas Amartya Sen e Mahbub ul Haq, em 1990, e vem sendo usada desde 1993 pelo Pnud. No caso brasileiro, foi desenvolvido ainda o Índice de Desenvolvimento Humano por Município (IDHM), que segue as mesmas três dimensões do IDH Global (longevidade, educação e renda), buscando adequar a metodologia global ao contexto brasileiro e à disponibilidade de indicadores nacionais. Apesar de medirem os mesmos fenômenos, os indicadores levados em conta no IDHM são considerados mais adequados para avaliar o desenvolvimento dos municípios brasileiros, pois ele não é a média municipal do índice, mas um cálculo feito a partir das informações do conjunto da população brasileira em relação aos três indicadores. Esse índice ganha maior relevância na análise de políticas cuja participação do município é importante, como a oferta dos anos iniciais da educação básica.

Justamente por seus propósitos, os relatórios do Pnud foram se constituindo em instrumentos de alta relevância na definição de políticas dos organismos internacionais. Além de oferecer importantes subsídios para formulações de programas nas áreas sociais, eles apresentam um panorama do desenvolvimento econômico mundial através de diagnósticos da realidade.

Os relatórios sobre desenvolvimento humano do Pnud tentam introduzir na década de 1990 uma nova abordagem de desenvolvimento, na qual a dimensão humana é valorizada. Partem da premissa de que o desenvolvimento humano é muito mais complexo que o desenvolvimento das capacidades humanas para produzir riquezas. Tentam, dessa forma, romper com o enfoque vigente há pelo menos três décadas, que considera desenvolvimento humano e crescimento econômico duas faces da mesma moeda. Buscam inovar em suas abordagens sobre a problemática do desenvolvimento tentando demonstrar que não há ligação automática entre crescimento econômico e desenvolvimento humano. Procuram demonstrar que nem sempre a ocorrência de crescimento econômico é acompanhada de efetiva melhoria do desenvolvimento humano. Por isso, consideram como premissa básica o fato de que a economia existe para as pessoas e não as pessoas para a economia.

O papel que desempenha o Pnud nesse contexto tem relação com os processos de democratização e com a preocupação com a integração social ante a globalização. No Relatório de 1996, o Pnud apresenta importante contribuição crítica à teoria do capital humano ao defender que o conceito de desenvolvimento humano é abordado como um conceito em construção, destacando sua diferença em relação ao conceito bem mais conhecido de desenvolvimento de recursos humanos. Essa distinção é fundamental para a compreensão da abordagem proposta pelo Pnud, na qual o desenvolvimento humano é o fim e o crescimento econômico o meio. Apesar disso, não existe nenhuma relação direta e automática entre esses dois conceitos.

Diante das evidências da acentuada concentração de riqueza no mundo e o crescimento exponencial da pobreza, o Pnud destaca preocupações com a possibilidade de haver crescimento sem geração de empregos, quando o crescimento é considerado desumano, ou seja, quando beneficia apenas os mais ricos. Essa realidade se confirma, segundo o Relatório, quando o crescimento da economia não é acompanhado pela expansão da democracia ou pela participação de todos, quando provoca o definhamento da identidade cultural das populações e quando as gerações presentes desperdiçam os recursos necessários às gerações futuras (PNUD, 1996).

Para o Pnud, não existe conflito entre crescimento e equidade, uma distribuição mais equitativa dos recursos públicos e privados pode melhorar as perspectivas de crescimento futuro. A ideia é que capacidades humanas bem desenvolvidas e oportunidades bem distribuídas podem assegurar que o crescimento não seja desequilibrado e que seus benefícios sejam partilhados equitativamente.

Advertindo que as teorias do crescimento localizam o desenvolvimento de recursos humanos apenas como capital humano, enquanto um meio para se obter maior produção de bens, contrapõe-se a essa visão com o conceito de desenvolvimento humano que tem o ser humano como um fim:

> As teorias dos recursos humanos tratam as pessoas como **capital humano** – elas são apenas outro meio de produção, a par do capital físico e dos recursos naturais. Assim quando os governos **investem**, digamos em saúde ou educação, o valor deste investimento é julgado pela sua taxa de retorno econômico, tanto para os indivíduos como para a sociedade (PNUD, 1996, p. 54 – grifos do original).

A principal distinção entre esses dois conceitos repousa na preocupação em se restringir o desenvolvimento humano a capacidades produtivas dos seres humanos, relegando boa parte deles à condição de improdutivos e, portanto, desinteressantes do ponto de vista dessa teoria. O desenvolvimento humano, pelo contrário, preocupa-se com todos os indivíduos da sociedade, dos mais produtivos aos menos produtivos, mesmo os considerados improdutivos, como os deficientes físicos, idosos, inválidos, doentes crônicos etc.

Tal crítica fica ainda mais clara, na diferença que faz o Pnud sobre as abordagens em relação à aprendizagem básica:

> Ambos podem argumentar em favor da aprendizagem básica. Mas podem divergir quando se fala de níveis mais altos de educação. O desenvolvimento de recursos humanos vê a educação como uma forma de tornar as pessoas aptas para trabalhar e, por isso, deverá favorecer disciplinas técnicas e vocacionais. O desenvolvimento humano, pelo contrário, defende que a aprendizagem tem valor em si mesma. Por isso, para além de promover a Ciência, valoriza as Humanidades como uma forma de aprofundar a compreensão do mundo social e natural (PNUD, p. 55).

Em que pese o avanço conceitual demonstrado nesse esforço do Pnud para oferecer uma abordagem de desenvolvimento que transcenda aquela estritamente econômica oferecida pela teoria do capital humano, a predominância desta matriz entre os organismos internacionais seguiu prevalecendo até os dias atuais, mudando apenas o seu epicentro.

3.2 A circulação de políticas em âmbito internacional e a recepção local: o protagonismo atual da Ocde

Na atualidade, a Ocde tem sido apontada por muitos estudos como o ator central na definição da agenda educativa global. De acordo com Rizvi e Lingard (2012), embora a Ocde tenha sido descrita de diferentes e variadas maneiras: como uma *think tank*, uma entidade geográfica, uma estrutura organizacional, um fórum de formulação de políticas, uma rede de formuladores de políticas, pesquisadores e consultores ou uma instância de influência, ela formalmente vê a si mesma como uma organização intergovernamental reunindo cerca de 30 dos países mais desenvolvidos do mundo, que produzem dois terços dos bens e serviços do planeta, e que são comprometidos com os princípios de uma economia de mercado e de uma democracia pluralista.

Esses autores argumentam que, desde meados da década de 1990, a educação passou a ser vista pela Ocde cada vez mais em termos instrumentais, subordinada aos interesses econômicos a partir de um novo discurso sobre a globalização e economia do conhecimento. Constatam que houve também nesse período uma mudança no modo operacional da Ocde e sua maneira de relacionar-se com seus membros "ditando com frequência como devem interpretar e reagir às pressões da globalização e aproveitar as oportunidades oferecidas pela economia global" (RIZVI & LINGARD, 2012, p. 532).

Para os autores, a Ocde tem promovido um novo imaginário social, no sentido atribuído por Taylor[28], em torno do discurso da economia do conhecimento. Ressaltam que as organizações internacionais desempenham um papel importante nesse contexto de globalização, "ao afastar as pessoas das narrativas nacionais dominantes e redirecioná-las para imaginários transnacionais compartilhados, por intermédio de uma distribuição global de ideias e ideologias de políticas que conectam os Estados e transformam a soberania em um exercício de poder compartilhado" (RIZVI & LINGARD, 2012, p. 540).

Os autores explicam que o imaginário social da economia do conhecimento vê na base de todo comportamento humano um interesse econômico próprio de indivíduos que operam em mercados de livre concorrência. "Esse imaginário pressupõe que o crescimento econômico e a vantagem competitiva resultam diretamente do nível de investimento no desenvolvimento de capital humano" (RIZVI & LINGARD, 2012, p. 542).

Apesar de reconhecer a influência dos organismos internacionais sobre as políticas educacionais nacionais e que elas vêm de longa data, principalmente nos casos em que os compromissos firmados se dão por meio da concessão de empréstimos, é preciso considerar que essas influências variam de acordo com as realidades locais. As orientações de políticas públicas difundidas por esses organismos não são simples transferências de conhecimento,

---

28 O conceito de imaginário social é tomado de TAYLOR, C. *Modern social imaginaries*. Durham, NC: Duke University Press, 2004.

elas sofrem interpretações e adaptações nos diferentes contextos em que são recebidas (SAKALOUNGAS & KAUKO, 2015; COWEN, 2012).

O processo de transferência de conhecimento que faz com que circulem determinadas políticas como modelos bem-sucedidos, embora bastante frequente, não é algo simples, ao contrário, pode apresentar complexidades que merecem ser exploradas. Popkewitz (2002, p. 226) alerta para o fato de que na sociedade contemporânea o poder é exercido, nem tanto pela força bruta, mas por meio de práticas culturais, localizadas nos contextos global e local, em que as "regras da razão" estruturam o campo de ação possível, definindo princípios de rendimento e modos de subjetivação. Nesse sentido, ele ressalta a falta de atenção prestada à questão da escolarização como uma prática social que produz efeitos de poder, na qual os sistemas de conhecimento convertidos em "sistemas de razão" passam a governar a escolarização na forma de "modelos administrativos", influenciando na construção de "imaginários nacionais" e na subjetividade dos indivíduos.

O nacional é uma categoria importante na análise de políticas comparadas, pois a construção da nação como uma unidade de poder é algo bastante consolidado e sedimentado no mundo atual. As crises que enfrenta hoje a globalização tem relação com a força subestimada dos estados nacionais. Nessa perspectiva, a influência que exerce os organismos internacionais sobre as realidades nacionais varia com as formas de recepção das suas recomendações. Cada realidade nacional possui suas culturas e etnias. Desse modo, Popkewitz (2002) considera que as nações modernas são hibridações culturais, tendo em vista que não há uma nação que seja composta por uma só cultura ou etnia. Para ele, "El concepto de 'hibridación' permite pensar que las prácticas educativas tienen suposiciones, orientaciones y procedimientos plurales".

As formas como essas políticas são recebidas e adaptadas às realidades locais apresentam variações, resultando muitas vezes em processos de hibridização. O conceito de "hibridização", na perspectiva desse autor, refere-se à atual reestruturação da educação como uma sobreposição de múltiplos discursos que são, ao mesmo tempo, globais e locais, contendo "relações fluidas e pragmáticas com um campo de múltiplas relações de poder" (POPKEWITZ, 2002, p. 232). Assim, as práticas de reformas educativas presentes na globalização se impõem como estratégias e aplicações hierárquicas de poder, que partem das nações centrais e incidem de diferentes modos nos países periféricos.

Ainda segundo Popkewitz (2002), os processos de escolarização podem ser vistos como práticas culturais que constroem imaginários nacionais, os quais não são imagens unificadas de uma nação ou individualidade, ou seja, são sistemas híbridos compostos por múltiplos discursos que transpõem a marcação geográfica, tornando-se global e local. Assim, a cultura nacional é uma forma de construir sentidos ou discursos que organizam as ações e permitem a construção de identidades.

De acordo com Porfírio (2013), o local ou o global não se limitam aos lugares geográficos, mas incluem a circulação de narrativas e imagens aparentemente universais e que, consequentemente, criam um sentimento de pertencimento que se estende através de múltiplas fronteiras nacionais.

Néstor Canclini (1998), no seu livro *Culturas híbridas*, afirma que o processo de hibridação cultural na América Latina é caracterizado como o processo sociocultural no qual estruturas ou práticas, que existiam em formas separadas, são combinadas para gerar novas estruturas, objetos e práticas. Por ser o gatilho de combinações e sínteses imprevistas, esse hibridismo, para o autor, marcou o século XX nas mais diversas áreas, possibilitando desenvolvimentos, produtividade e poder criativo distintos das misturas interculturais já existentes na região.

3.3 O Brasil na Ocde e no Pisa

O Brasil é um parceiro-chave da Ocde, junto com China, Índia, Indonésia e África do Sul. Ele mantém uma relação de cooperação com a Ocde desde o início dos anos de 1990. O Conselho Ministerial da Oecd adotou, em 2007, uma resolução fortalecendo a cooperação com o Brasil e demais "Parceiros-Chaves". Nessa condição, o Brasil tem a possibilidade de participar dos diferentes órgãos da Ocde, aderir aos instrumentos legais dela, integrar-se aos informes estatísticos e revisões por pares de seus setores específicos, e tem sido convidado a participar de todas as reuniões Ministeriais da Ocde desde 1999. E ainda, "o Brasil contribui para o trabalho dos Comitês da Ocde e participa em pé de igualdade com os países-membros da Ocde em diversos órgãos e projetos"[29].

Por duas décadas, a Ocde vem conduzindo o Pisa, realizando pesquisas em um conjunto de quase 80 países, o que significa 90% das economias do mundo. A Ocde considera que os resultados dos estudantes em matemática e ciências são um bom indicador da saúde econômica futura. Em outras palavras, na visão da Ocde: "nações ou cidades com boas escolas podem esperar uma economia saudável, enquanto uma nação ou cidade com escolas sofríveis podem esperar consequências negativas para sua economia"[30].

De acordo com a Ocde, o Pisa testa o pensamento crítico em matemática, ciências e leitura para os estudantes com 15 anos de idade. As perguntas do teste não medem a memorização de fatos, mas exigem que os estudantes utilizem conhecimentos e habilidades de resolução de problemas do mundo real[31]. Os testes do Pisa são aplicados a jovens de 15 anos em diferentes países, independentemente do grau, desempenho e *status* socioeconômico.

O Inep é o órgão responsável pelo planejamento e a operacionalização da avaliação no país, o que envolve representar o Brasil perante a Ocde; coordenar a tradução dos instrumentos de avaliação, a aplicação desses instrumentos nas escolas amostradas, a coleta das respostas dos participantes e a codificação dessas respostas; analisar os resultados e elaborar o relatório nacional. Na página do Inep, o Pisa é apresentado como um estudo comparativo internacional, realizado a cada três anos pela Ocde, que oferece informações sobre o desempenho dos estudantes na faixa etária dos 15 anos, vinculando dados sobre seus *backgrounds* e suas atitudes em relação à aprendizagem e também aos principais fatores que moldam sua aprendizagem, dentro e fora da escola[32]. Também é importante destacar que, nas edições mais recentes, o

---

29 Disponível em http://www.oecd.org/latin-america/countries/brazil/brasil.htm – Acesso em 02/04/2020.

30 Disponível em https://asiasociety.org/global-cities-education-network/what-pisa-and-why-does-it-matter –Acesso em 02/04/2020.

31 Sobre a concepção das provas Pisa, cf. Lundgren, 2013; Scott, 2013.

32 Disponível em http://portal.inep.gov.br/pisa – Acesso em 02/04/2020.

Pisa incluiu opções para avaliações adicionais, como alfabetização financeira e resolução de problemas, por exemplo.

Por meio de questionários distribuídos aos estudantes, pais, diretores de escolas e professores, o Pisa também coleta informações sobre o histórico familiar dos alunos, meio socioeconômico, suas oportunidades e seus ambientes de aprendizagem. Os questionários contextuais gerais dos estudantes e da escola são obrigatórios a todos os países participantes.

O Brasil é o único país sul-americano que participou de todas as edições do Pisa desde sua primeira aplicação, em outubro de 2000. A partir de então, o número de países participantes tem aumentado a cada edição. Na edição mais recente em 2018, o Pisa foi aplicado em 79 países diferentes, com uma amostra de 600 mil estudantes de 15 anos. Juntos, eles representam cerca de 32 milhões de pessoas nessa idade. No Brasil, foram 10.691 estudantes de 638 escolas que fizeram a prova em 2018. São 2.036.861 de estudantes, o que representa 65% da população brasileira que tinha 15 anos na data do exame. A prova é aplicada em um único dia, é feita em computadores, e tem duas horas de duração. As questões são objetivas e discursivas. A cada edição, uma das três disciplinas principais é o foco da avaliação. Na edição de 2018, o foco foi na leitura.

O Pisa tem sido a principal referência tomada na atualidade para analisar o contexto educativo mundial. Apesar de muitos países latino-americanos não realizarem a prova Pisa, é sabido que ele tem tido uma forte influência sobre as políticas educacionais também nesta região. De acordo com os resultados do último exame, publicados em final de 2019, a região latino-americana se destaca pelo baixo desempenho dos estudantes no conjunto dos países que participam do Pisa, ocupando as posições mais baixas nos *rankings* elaborados.

Dos seis países sul-americanos participantes da edição 2018 do Pisa, a Argentina se destacou como o único país que ficou na última ou entre as últimas colocações nos *rankings* do Pisa 2019. Esse baixo desempenho pode ser tomado como um fato curioso, já que a Argentina historicamente apresenta os melhores indicadores educacionais na região. Se consideramos toda a América Latina, de um total de 80 países que participaram do Pisa em 2018, apenas dez são dessa região.

Os estudantes brasileiros ficaram em uma posição mediana em relação aos demais países da região, apresentando uma leve alta no tocante aos resultados de 2015, mas sua posição é considerada basicamente estagnada na última década. Dos países participantes na última edição do Pisa, Chile e Uruguai se revezam nas duas primeiras posições, considerando o *ranking* regional. O Chile é o que teve melhor desempenho em leitura (média 452) e ciências (média 444), enquanto ambos estão tecnicamente empatados em matemática, com o Uruguai em ligeira vantagem (média 418). Do lado oposto, está a República Dominicana, que figura como o país latino-americano com o pior desempenho nas três provas, registrando as médias de 342 em leitura, 325 em matemática e 336 em ciências, sendo que, em leitura, ela fica empatada em último lugar com as Filipinas. Entretanto, considerando a média de países da Ocde, os países latino-americanos ficam muito abaixo do desempenho dos seus estudantes, mesmo o Chile e o México, que são membros do grupo, eles aparecem como últimos colocados do bloco em todas as três provas[33]. Em suma, os países latino-americanos estão nas últimas posições no *ranking* mundial do Pisa, juntos com os países do norte da África.

Dias, Mariano e Cunha (2017) realizaram um estudo a partir dos resultados do Pisa 2015 em que buscaram analisar a realidade socioeconômica da educação pública básica dos sete países da América Latina que participaram dessa edição. O objetivo do estudo foi relacionar o conhecimento sobre a realidade dos sete países com os resultados do Pisa mostrando a sua evolução, considerando o período de 2006 a 2015, e identificar possíveis fatores que podem explicar o desempenho observado nessa região. Esse estudo, dentre outros que têm se debruçado sobre os impactos do Pisa nos países da região, demonstra como cresce sua importância na definição da agenda da educação latino-americana.

Um exemplo de ampliação do escopo do Pisa, em especial para a região latino-americana, é a criação do Pisa para o Desenvolvimento (Pisa-D), em 2013, construído especificamente para ser adotado em países de 'renda baixa e média'. De acordo com Addey (2016), com a realização do teste considerando os contextos desses países, a Ocde poderá produzir dados politicamente mais relevantes para os seus sistemas educacionais. A iniciativa contou com a participação ativa de países da América do Sul, como Equador e Paraguai.

3.4 O Pisa para Escolas

O Pisa para Escolas ou Pisa-S (*Pisa for School*) é uma avaliação voluntária, aplicada em escolas para avaliar conhecimentos de matemática, ciências e leitura de estudantes de 15 anos. De acordo com a Fundação Lehman, parceira dessa iniciativa:

> Enquanto o objetivo do Pisa é fornecer resultados em nível nacional, possibilitar um panorama do sistema de ensino de cada país, o Pisa para Escolas foi elaborado para produzir resultados individuais das escolas, que possam servir para o seu próprio aperfeiçoamento[34].

A intenção, segundo a Fundação, é dispor de mais um instrumento comparativo, pois, como as duas avaliações são baseadas no mesmo modelo, os resultados são comparáveis. Assim, as escolas participantes do Pisa para Escolas podem se avaliar em relação ao sistema de ensino brasileiro e com outros países participantes do Pisa. O objetivo do Pisa para Escolas, de acordo com seus promotores, é colaborar com a formação de gestores, líderes e educadores, "fornecendo uma análise baseada em evidências sobre o desempenho de seus alunos; além de medir conhecimentos, habilidades e competências dos alunos; fornecer informações sobre o clima de aprendizagem dentro da escola, o histórico socioeconômico dos alunos e a motivação deles para aprender; auxiliar as escolas a medir uma ampla série de habilidades, além da matemática, da leitura e da ciência; e proporcionar oportunidades de troca e aprendizagem entre professores e gestores escolares"[35].

---

33 Disponível em https://g1.globo.com/educacao/noticia/2019/12/03/pisa-2018-dois-tercos-dos-brasileiros-de-15-anos-sabem-menos-que-o-basico-de-matematica.ghtml

34 Disponível em https://fundacaolemann.org.br/noticias/pisa-para-escolas – Acesso em 08/12/2019.

35 Id.

De acordo com a Ocde, o Pisa para Escolas já foi aplicado em mais de 2.200 escolas ao redor do mundo, sob sua supervisão técnica. Os alunos respondem a aproximadamente duas horas de perguntas de leitura, matemática e ciências e a um questionário contextual de cerca de 30 minutos. Os diretores também fornecem informações sobre sua escola preenchendo um questionário. Para receber o relatório de desempenho, as escolas devem atender aos seguintes requisitos: *i*) Um mínimo de 35 alunos; *ii*) Uma taxa de participação de pelo menos 80% do total de alunos de 15 anos de idade para escolas com mais de oitenta e cinco alunos elegíveis.

O Pisa para Escolas no Brasil é uma iniciativa da Fundação Lemann "para contribuir com a construção de políticas públicas baseadas em dados e evidências"[36]. Na primeira edição, como projeto-piloto em 2017 no Brasil, a experiência contou com a participação de 46 escolas, a convite da organização, sendo 13 escolas particulares e 33 escolas públicas. As escolas foram selecionadas por terem destacado desempenho em avaliações nacionais como o Exame Nacional do Ensino Médio (Enem) e a Prova Brasil em seis estados. A primeira experiência foi realizada no município de Sobral, no Ceará. Em 2017, 1.066 estudantes de 16 escolas públicas de Sobral participaram do Pisa para Escolas. Em novembro de 2019, a aplicação do Pisa para Escolas teve início na rede estadual de São Paulo.

3.5 O Pisa como expressão da teoria do capital humano na agenda educacional atual

O Pisa é o principal instrumento de regulação da educação na atualidade. Desenvolvido pela Ocde para funcionar como um instrumento de comparação, a cada edição amplia seu escopo. Como afirma Rivzi e Lingard (2012, p. 537), hoje, mais do que nunca, a Ocde dedica mais recursos para a coleta de dados comparativos de desempenho em educação e é em torno dos dados sobre desempenho que a organização explora a questão da igualdade e dos resultados na educação.

O papel que desempenha a Ocde nesse sentido é apresentado de forma sintética por Fraisse-D'Olimpio (2009). De acordo com a autora, há vários anos, a Ocde oferece uma série de relatórios sobre o conceito de capital humano, que medem a fertilidade do conceito, mas também seu caráter multidimensional. Os países-membros da organização concordam que o investimento em capital humano contribui para a prosperidade econômica, emprego e coesão social, promovendo o bem-estar das populações. Ainda segundo ela, a análise comparativa apresentada nessas sínteses é rica em lições para entender a influência das escolhas de políticas públicas na acumulação de capital humano através das compensações que podem ser feitas em termos de saúde, treinamento e boa educação e até mesmo em relação à gestão do crime, uma vez que o aumento do capital humano resultaria em maior integração social dos indivíduos.

Assim, a ideia consiste, ainda de acordo com Fraisse-D'Olimpio (2009), em que, se a educação formar capital humano, esse capital deverá oferecer logicamente um retorno, como investimentos em capital físico. Dois tipos de desempenho são geralmente avaliados. O primeiro é a taxa de retorno privada, que compara os custos e benefícios da educação incorridos e obtidos respectivamente pelo aluno ou funcionário que realiza o investimento. O segundo é a taxa de retorno social, que compara custos e benefícios para todo o país. As taxas de retorno

---

36 Id.

privadas são usadas para explicar o comportamento dos indivíduos na busca por diferentes níveis e tipos de educação, enquanto as taxas sociais são usadas para formular políticas relacionadas à alocação de fundos em diferentes níveis e tipos de escolaridade. De acordo com a maioria dos estudos sobre o assunto, a taxa de retorno social deve idealmente ser estendida à escala da sociedade e incluir externalidades, ou seja, outros benefícios que não os obtidos pelo indivíduo investidor.

O Pisa tem como principal resultado oferecer uma lista classificatória dos países em relação ao seu desempenho educacional, ou seja, seu efeito de comparação é o que mais importa. Ao promover o *ranking* dos países em relação à qualidade educacional, a Ocde pretende influenciar com os resultados dos testes também mudanças nos sistemas educacionais em escala internacional.

De acordo com Scott (2013), realizar uma comparação justa não pode ser só uma questão de traduzir as palavras que se usam, ou seja, substituir um conjunto de palavras, frases e estruturas linguísticas por outro, mas de fazer uma transposição do exemplo e do problema, de modo que reflita melhor sua nova base epistêmica. Para ele, esse é o problema da comparação equitativa. Respaldar o conceito de uma prova internacional é reforçar a ideia de uma forma de conhecimento universal, isto é, desligado da cultura.

Entretanto, nessas duas décadas de existência do Pisa, é crescente seu raio de influência, inclusive sobre países desenvolvidos, considerados grandes potências mundiais. A capacidade da Ocde de promover uma regulação transnacional (BARROSO, 2004) pode ser percebida justamente no curioso fato de que nações que foram historicamente referência para a constituição dos sistemas escolares no mundo, e em especial na região latino-americana, como a França que, na última edição, ficou na 23ª posição, e os Estados Unidos, na 13ª posição, veem-se preocupadas ou constrangidas diante de seu desempenho no Pisa. Apesar do incômodo provocado, os resultados do Pisa têm incitado reações nesses países no sentido de repensarem seus sistemas de ensino. Nesse sentido, os governos têm usado os resultados do Pisa para promoverem reformas nos seus sistemas educacionais, usando de classificações e avaliações para legitimar políticas, assim como para justificar as mudanças pretendidas.

Da mesma maneira, o Pisa vem sendo referenciado na pesquisa acadêmica para discutir os problemas educacionais desses países (BAUDOLET & ESTABLET, 2009; CARNOY & ROTHSTEIN, 2013). A leitura comparativa dos resultados do Pisa, realizada por Baudelot e Establet (2009), conhecidos autores críticos da Sociologia da educação francesa, demonstra em certa medida como esses resultados vêm sendo largamente aceitos e legitimados. Os autores partem de uma hipótese central: o aumento correlativo no nível e no caráter igualitário do sistema escolar beneficia a todos, ou, em outras palavras, a formação de elites bem-sucedidas baseia-se em um alto nível geral de educação da população. A despeito do otimismo demonstrado na análise, esses estudos revelam como o Pisa tem sido considerado até por autores mais críticos como um instrumento que incita a repensar os sistemas educativos.

No caso norte-americano, muitos estudos buscam explicar seu desempenho no Pisa. De acordo com a Asiasociety, as justificativas para sua posição pouco confortável recaem sobre a significativa estratificação que o país comporta. Explica que os críticos americanos do Pisa afirmam que os Estados Unidos têm uma porcentagem maior de crianças desfavorecidas (pobres) e, portanto, não podem se sair tão bem quanto outros países da Ocde nesse teste.

No entanto, dados da Ocde mostram que, apesar desses argumentos, os Estados Unidos não se diferem muito da média dos seus países-membros de estudantes desfavorecidos. Ao contrário, de acordo com a mesma fonte, os Estados Unidos têm mais estudantes de origens socioeconômicas vantajosas, em outras palavras, os estudantes nos Estados Unidos em geral estão em melhor situação do que os países médios da Ocde[37].

Como uma alta classificação no Pisa se correlaciona com o sucesso econômico dos países – a China foi a primeira colocada na última edição –, o argumento que vem sendo usado para legitimar o Pisa é de que ele é um indicador de que os sistemas escolares estão preparando os alunos para a economia global do conhecimento do século XXI, ou seja, o argumento apela para a promessa de futuro. Os apelos recaem sobre a conhecida retórica da necessária educação para a sociedade do conhecimento, própria do século XXI.

> Empregos bem-remunerados e indústrias de alto lucro exigem trabalhadores que possam pensar criticamente, conectar ideias e trabalhar além das fronteiras internacionais. Os países ricos não precisam mais de uma grande força de trabalho para realizar tarefas domésticas, mas os sistemas escolares têm sido tradicionalmente lentos e difíceis de mudar (ASIASOCIETY; tradução livre)[38].

Os argumentos em defesa do Pisa não param aí, a utilidade dos dados coletados é indicada em vários níveis. De acordo com a mesma fonte (Asiasociety), o Pisa revela padrões comuns entre os sistemas escolares de alto desempenho. Da mesma forma, os dados também mostram que os sistemas escolares com maior melhoria usaram táticas comuns em diferentes pontos do processo de reforma. Os dados também são usados para *benchmarking*. Entretanto, o ponto central está na comparabilidade, a insistência de que ainda que os sistemas escolares bem-sucedidos tenham muitas medidas internas, ele não pode prescindir de um contexto maior, sob pena de não conseguir entender o que realmente é o "melhor".

Esse apelo da Ocde à relevância dos dados do Pisa e aos diversos usos que se faz deles, assim como a grande aceitação por um número crescente de países que passam a participar do exame, além da ampla acolhida que recebe da imprensa (mídia) mundial, fazem do Pisa o mais importante instrumento de regulação da educação na atualidade. É explícita a intenção da Ocde de usar tal instrumento, com seus constantes aprimoramentos, para determinar uma agenda educativa global, afirmando que: "referências internacionais mostram o que é verdadeiramente possível na educação; elas podem ser um fator saudável para os esforços de reforma em todo o mundo"[39].

Dessa forma, a Ocde passou à condição de ator protagonista entre os diferentes organismos internacionais na definição da agenda educativa global, roubando a cena antes ocupada pela Unesco e, mesmo em termos regionais latino-americanos, pela Cepal e Banco Mundial. Além disso, a Ocde promove ainda o deslocamento da influência nacional para o global (ou europeu?), o que pode ser mais sentido no caso específico da experiência norte-americana:

---

37 Disponível em https://asiasociety.org/global-cities-education-network/what-pisa-and-why-does-it-matter

38 Id.

39 Id.

Nações em todo o mundo procuram escolas e instituições de pesquisa americanas em busca de inovação e criatividade no ensino e na aprendizagem. No entanto, essas inovações não estão sendo dimensionadas para que todos os alunos possam se beneficiar. Enquanto outros países continuam aprendendo com os Estados Unidos, os Estados Unidos podem aprender com outros países (ASIASOCIETY; tradução livre).

Assim, o Pisa pode ser compreendido como uma tecnologia de poder que se transforma em importante instrumento de regulação educacional no mundo. Amparando-se em Baker (2012), é possível identificar como a aliança entre realismo, racionalidade e colonialismo moldou visões desenvolvimentistas do mundo, sob as quais essas políticas são sustentadas. Nesse sentido, o Pisa age como uma forma particular de tecnologia inquestionável, apoiada por governos conservadores e progressistas, de direita e de esquerda, como uma avaliação "objetiva" do desempenho de escolas e estudantes. De acordo com Viruru (2006), os testes padronizados, especialmente o Pisa, têm atuado como uma tecnologia de poder que vem colonizando professores e apresentando ideias colonialistas aos estudantes de maneira legítima, impondo uma agenda corporativa global.

Isso quer dizer que não se trata apenas de um exame objetivo que avalia as competências dos estudantes em diferentes partes do mundo. O Pisa tem de ser compreendido e analisado dentro do contexto mais amplo que o gerou: as relações de poder em âmbito mundial que apelam a modos específicos de regulação que expressam uma determinada concepção de educação, cuja matriz é a teoria do capital humano. Nesse sentido, ele é um dispositivo de poder, como explica Scott:

> Además, el instrumento (Pisa) es un dispositivo performativo, en tanto que su intención no es sólo describir las habilidades/disposiciones de los niños sino promover y, por lo tanto, contribuir al diseño de las políticas nacionales. Ciertas formas de conocimiento performativo llegar a ser la norma. El instrumento para medir los niveles de conocimiento y habilidades de los niños se convierte en un instrumento para determinar lo que esos niveles de conocimiento y habilidades deberían ser y cómo debieran ser aprendidos (SCOTT, 2013, p. 74).

Dessa forma, o Pisa se torna um instrumento de regulação do conhecimento, como apontado por Carvalho (2009, p. 1.011), que por meio de elementos cognitivos e normativos foca sua ação "nos planos da definição da "realidade educacional", do estabelecimento de condutas apropriadas para o governo do setor da educação, e da constituição de conhecimento para a política. O Pisa funciona assim, como um indicador de mudanças a serem feitas na política educacional.

A abordagem da regulação constitui uma fonte para analisar a ação pública, pois considera que outros dispositivos além do Estado contribuem para ordenar a sociedade. A regra definida do alto não é exatamente lei, no sentido de que será piamente cumprida. Pode existir um universo de práticas entre os executantes que pressupõe modos de fazer que não são codificados previamente, de condutas que não são conformadas de antemão e que podem mesmo mudar os procedimentos. Nesse sentido, o Pisa pode ser considerado um dispositivo de poder, tal como o exame visto por Foucault:

> O exame combina as técnicas da hierarquia que vigia e as da sanção que normaliza. É um controle normalizante, uma vigilância que permite qualificar, classificar e punir. Estabelece sobre os indivíduos uma visibilidade através da qual eles são diferenciados e sancionados. É por isso que, em todos os dispositivos de disciplina, o exame é altamente ritualizado. Nele vêm-se reunir a cerimônia do poder e a forma da experiência, a demonstração da força e o estabelecimento da verdade (FOUCALT, 1987, p. 208).

Trata-se de um processo de politização dos resultados do Pisa. Como afirmam Salokangas e Kauko (2015), é raro que os pesquisadores questionem a excelência da qualidade da análise quantitativa do Pisa, contudo, a comparabilidade de seus resultados, sua limitada abrangência e as repercussões políticas provocadas por ele têm sido alvo de críticas. Os mesmos autores insistem em que os usos políticos que se faz dos resultados do Pisa desconsideram o contexto social do aprendizado e adulteram comparações complexas, transformando-as num jogo simplista de números.

Dessa forma, podemos considerar que a Ocde desenvolve uma governação por números que são apresentados como verdades. Difundindo lógicas hegemônicas que vinculam diretamente a qualidade da educação a valor econômico, reduzindo a indicadores numéricos realidades sociais e culturais variadas e complexas, ela exerce forte influência sobre um grupo crescente de países, extrapolando o conjunto de seus membros. A Ocde se vale do argumento da evidência, de quem detém um conhecimento sobre o outro que a autoriza a dizer como ele dever agir.

No relatório *New Challenges for Educational Research* (Ocde, 2003), está expressa a importância que as pesquisas baseadas em evidências passam a ter para a Ocde a partir de meados dos anos de 1990, incluindo o tema educacional. No seu resumo técnico, consta a seguinte afirmação:

> Dos tendencias generales aumentaron además la demanda de investigación e información sobre enseñanza en varios países de la Ocde. En primer lugar los países orientan los sistemas de enseñanza por objetivos y estándares más que por normas y reglamentos. Así pues, necesita más información sobre los resultados de las prácticas de enseñanza y de las políticas aplicadas en el ámbito regional, nacional e internacional. Teniendo esto en cuenta se debería considerar el uso generalizado del Programa para la producción de Indicadores de Rendimiento de los Alumnos de la Ocde (Programme for Indicators of Student Achievement [Pisa]). En segundo lugar, varios gobiernos están fomentando las políticas "basadas en pruebas". Este enfoque se basa en que las iniciativas políticas deberían estar respaldadas por pruebas e investigación. Un buen ejemplo de ello es la primera iniciativa nacional de la administración Bush, esto es, la ratificación del acta de enseñanza básica y secundaria, que ha recibido el nombre de "Sin olvidar ningún niño" (No Child Left Behind). El acta menciona 110 veces la expresión "investigación de base científica". Se entiende, por tanto, que este tipo de investigación ha sido la base de varios programas de esta acta (OCDE, 2003).

Por meio dos discursos proferidos desde lugares autorizados, por exemplo, a voz dos especialistas que trabalham sobre os testes e seus relatórios, estabelece-se um sistema de verdade fundamentada na objetividade do dado numérico oferecido. Assim, as políticas internacionais viajam, por meio de uma abordagem de política baseada em evidências, selecionando os conteúdos que lhes convêm. Como afirma Verger (2019, p. 11), "Tal prática seletiva significa que a pesquisa viaja diretamente da ideologia a recomendações de políticas, e usa a ciência e a evidência principalmente como um quadro de legitimação".

Essas evidências funcionam como exemplos que devem ser seguidos, modelos que devem ser copiados. De acordo com Popkewitz e Lindblad (2016), os números circulam e são conectados por um sistema de razão que lhes atribui inteligibilidade para promover as reformas educacionais. Esses processos estão a serviço de fabricar teorias e programas que influenciam como os professores ensinam, como as famílias e as crianças/jovens pensam sobre si mesmos, mas também, e antes de tudo, como o professor se vê. De acordo com os mesmos autores, a estatística funciona como uma forma particular de fundamentação para o governo das sociedades atuais, como um elemento de controle da vida social moderna, influenciando a criação de regras que utiliza a noção de fabricação. Noção que tem um duplo sentido: de ficção e de construção de tipos de pessoas que a educação pode administrar, para domar a mudança e a vida moderna 'incerta' por meio do fornecimento de ferramentas administrativas que estabilizam e harmonizam as relações sociais.

Portanto, para esses autores, as comparações estatísticas dos desempenhos dos estudantes enfatizam os componentes que dizem respeito à seleção e desenvolvimento profissional de professores, bem como as categorias psicológicas da criança e da família que não consegue êxito nas avaliações. As fabricações são versões de uma organização (ou pessoa) que não existe, elas são produzidas propositadamente para serem explicáveis.

Assim, a partir de uma dada concepção de ciência, os organismos internacionais atuam como atores-chaves no processo de definição de uma agenda educativa global, difundindo um modelo hegemônico de educação. Na atualidade, a Ocde tem protagonizado esse movimento. Como afirma Ball (2002), esses organismos vão mapeando, comparando e demonstrando os problemas educacionais, desenvolvendo pacotes de tecnologias que oferecem uma alternativa politicamente atrativa e eficaz à tradição educacional centrada no Estado e no bem-estar público. Elas são postas em confronto e comparadas com as velhas tecnologias do profissionalismo e da burocracia.

Dessa forma vai se produzindo um discurso do que é uma escola eficaz, um diretor eficiente e bons professores. Discursos que vão estabelecendo modelos, tipos ideais ou imaginados, que elegem alguns exemplos para serem seguidos, tais como: a premiação de boas práticas de ensino e de gestão. Entretanto, alerta Ball (2002, p. 15) que esse é um processo que leva à exclusão: a fabricação exclui outras coisas que não se ajustem ao que se pretende que seja representado ou transmitido.

De acordo com Rizvi e Lingard (2012), por meio da abordagem técnica à pesquisa no âmbito de políticas, a Ocde conseguiu:

> não só desviar os objetivos da educação para um imaginário social da economia do conhecimento, como também promover a noção específica de boa governança em educação, expressão que encobre uma mudança subjacente na ideologia educacional. Situada na esfera das ideias de nova gestão pública (OECD, 1995), que atribui importância considerável aos mecanismos de direcionamento a dis-

> tância por meio de medidas comparadas de desempenho, a Ocde efetivamente desviou o foco da governança educacional, que passou de questões de objetivos para questões referentes à transparência nos processos de tomada de decisão, formas de delegação, tecnologias de mensuração de desempenho educacional, referenciais internacionais de excelência, mecanismos de garantia de qualidade, regimes apropriados de responsabilização, fontes de financiamento educacional, utilização eficaz dos recursos públicos e assim por diante (RIZVI & LINGARD, 2012, p. 544).

Essas novas governanças guardam íntima relação com a teoria do capital humano. Essas novas formas de governança que se desenvolveram em oposição ao Estado de Bem-estar Social. Roos (2008), tomando para sua análise o significado de governança como o processo e estilo de gestão da organização governamental para desempenhar suas tarefas e cumprir suas responsabilidades, demonstra haver relação direta entre a New Public Managerism (NPM) ou a Nova Gestão Pública (NGP) e a teoria do capital humano. Para o autor, o uso da governança é duplo, primeiro no contexto do desenvolvimento econômico com a promoção da modernização efetiva como boa governança. Em segundo lugar, é usado em relação às estratégias de NGP, incluindo a introdução de estilos de gestão do setor privado e práticas no setor público, resultando na privatização de serviços governamentais e das empresas estatais. A boa governança, para o autor, é alcançada por meio de um processo de descentralização e privatização de empresas governamentais e a introdução de estilos de gestão do setor privado no setor de organização governamental. Esse processo, conhecido como NGP, é o instrumento para a melhoria da governança e serve como um roteiro para a Boa Governança. Para Roos (2008), a teoria do capital humano desempenha um papel crucial como requisito para o NGP na melhoria e manutenção da boa governança.

4

A teoria do capital humano e a nova gestão pública no contexto brasileiro

A história recente da educação brasileira é marcada por um processo iniciado nos anos de 1990, logo após a promulgação da Constituição Federal, intitulada 'Constituição cidadã', por incorporar os anseios de democracia e ampliar os direitos que a sociedade reclamava, após mais de duas décadas de ditadura militar (1964-1985). A despeito da ampliação de direitos sociais, civis e políticos que a Constituição de 1988 acolheu, a década seguinte, os anos de 1990, representou uma guinada em outra direção.

O Brasil, assim como outros países da América Latina, enfrentou, durante a década de 1990, reformas orientadas para a reestruturação do Estado, justificadas pelas necessidades de ajustes estruturais. Essas reformas mudaram a relação entre Estado e sociedade civil, que vinha se ensaiando em bases mais democráticas e participativas, modificando em certa medida a noção de público e, consequentemente, de direito público, no qual se inscreve a educação. Essas reformas foram justificadas pela necessária modernização do Estado (DRAIBE, 1998, DINIZ, 1998; ABRUCIO, 1999) e introdução da NGP.

O modelo adotado foi inspirado no exemplo da Grã-Bretanha, a NGP definida como um conjunto de ideias e crenças que tomam como valores máximos a própria gerência, o objetivo de aumento constante da produtividade e a orientação ao consumidor (BRESSER PEREIRA, 1999). A transposição do modelo para a realidade brasileira como administração pública gerencial foi defendida como uma mudança de estratégia na gerência, reformando a estrutura administrativa.

Essas reformas introduziram mudanças na dinâmica de financiamento das políticas públicas e sociais, envolvendo ainda mais a iniciativa privada na gestão pública. Foi o que se observou com a Emenda Constitucional n. 19, de junho de 1998, que materializou no plano legal a racionalidade presente na reforma do Estado, assumida pelo governo de Fernando Henrique Cardoso. Essa Emenda instituiu as figuras jurídicas das Organizações Sociais e dos Contratos de Gestão, adotando a NGP com o fim de propiciar maior flexibilidade à administração pública por meio da desregulamentação de estratégicos setores que estavam sob regulação estatal.

De acordo com Dasso Junior (2014) a origem do termo Nova Gestão Pública é datada da década de 1970. Apesar de a NGP ter ganhado maior força no mundo na última década do século passado, as críticas ao Estado de Bem-estar Social, utilizadas como principais argumentos para a defesa do gerencialismo no setor público, começaram no final dos anos de 1970 e início dos anos de 1980, impulsionadas pelas crises daquele momento e pela emergência da globalização.

Para Mendes e Teixeira (2000), nas últimas décadas do século XX, o gerenciamento dos serviços públicos foi abandonando os sistemas baseados na hierarquia burocrática para adotar sistemas mais diversificados. Na base dessas mudanças, encontra-se o Novo Gerencialismo, conceito tomado a partir de Newman e Clarke (2012) como tendência hegemônica influenciando concepções e práticas organizacionais dos serviços públicos, incorporando, nesse setor, a lógica concorrencial, em que o 'empreendedorismo' é tomado como a força propulsora das mudanças. Tendo como paradigma o mercado, estimula-se a realização de parcerias entre agências públicas e privadas e se introduzem inovações gerenciais. Esses autores advertem que os fundamentos teóricos que dão suporte às ideias do Novo Gerencialismo encontram-se nas abordagens do novo institucionalismo.

Se do ponto de vista político as bases da NGP se encontram na crítica ao Estado de Bem-estar Social, ao planejamento centralizado e ao papel indutor e promotor do bem social exercido preponderantemente pelo Estado, suas bases epistemológicas estão no novo institucionalismo. A NGP surge em contraposição à Administração Pública, buscando influenciar novos modos não só de organizar e gerir a coisa pública, mas também novos modos de governo, já que ela interfere nos objetivos da ação pública.

A NGP se instala então como inovação, criticando a burocratização dos Estados de Bem-estar Social mesmo aonde não se chegou a vivê-lo de fato, como na região latino-americana, promovendo ataques às hierarquias, à centralização do poder e das decisões, à rigidez das estruturas governamentais, o que encontrou muita acolhida junto à opinião pública. O funcionalismo passou a ser bastante criticado como ineficiente e pouco comprometido.

Analisando a implantação da NGP no contexto francês, Alber (2013) constata que os ataques principais são dirigidos, sobretudo, à gestão da carreira, opondo-se com forte resistência às estruturas tradicionais e estimulando uma lógica de distribuição individualizada que promove mecanismos gerenciais utilizados pelas empresas privadas: individualização de salários, com indexação de desempenho definida por objetivos quantificados; individualização dos percursos com maior mobilidade, negociados durante as avaliações. Ainda segundo ele, essa lógica é especialmente disseminada entre o pessoal de gestão, com base em incentivos que mobilizem conjuntamente a busca de utilidade (benefício material individual imediato ou diferido) e prevenção de riscos (medo de sanções). Estão presentes ainda uma contratualização cada vez mais precisa nos requisitos recíprocos do empregador e do empregado, com períodos de compromisso cada vez mais curtos, defendida como a única maneira de garantir uma eficiência operacional ideal. Dentro de uma empresa, essa lógica de mercado promove o questionamento permanente das posições adquiridas para permitir a promoção acelerada dos funcionários mobilizados e a marginalização daqueles que, devido a limite de idade ou a um efeito de desilusão tendem a moderar seu investimento ou a perder eficiência.

A introdução da NGP na educação tem seus primeiros registros na realidade britânica, com a reforma dos anos de 1980, com repercussões diretas sobre a gestão da escola (GEWIRTZ & BALL, 2011), mas sua disseminação em âmbito internacional se deu a partir dos anos de 1990.

Grimaldi, Serpieri e Taglietti (2015), referindo-se ao caso italiano, afirmam que no final dos anos de 1990, sob pressões da Ocde, a reforma da governança do sistema educacional tornou-se uma prioridade naquele país. Para os autores, essa orientação foi introduzida com base no argumento de que a forma de regulação centralizada da educação e do profissionalismo burocrático produzia organizações rígidas, ineficazes e autorreferenciais, que não eram: a) Capazes de interpretar e responder às necessidades educacionais de uma economia de conhecimento, mercados de trabalho globais e competitividade global, comunidades locais e alunos; b) Eficazes na promoção da qualidade do capital humano; c) Comprometidas com o aprimoramento e melhorias. A quebra do sistema burocrático e hierárquico em organizações independentes, atuando em um ambiente descentralizado, foi identificada como estratégia de desagregação, para modernizar o sistema, torná-lo mais eficiente e responsivo às necessidades da sociedade e, por fim, para elevar seu desempenho. Para esses autores, numa virada ortodoxa da NGP, a mescla entre autonomia, responsabilização (prestação de contas), técnicas de gestão do setor privado, concorrência (imitativa) e um sistema de incentivos foi evocada como estímulo para a eficiência, eficácia e aprimoramento.

A NGP passou então a ser difundida em âmbito internacional para a governança da educação pela Ocde. Verger e Normand (2015) observam que, nos últimos anos, a NGP tem penetrado com força a agenda educativa global, por ser este um setor com destacada dotação orçamentária. Afirmam, ainda, que, onde foi aplicada, a NGP alterou de maneira drástica a forma como se concebe a governança das instituições educativas, já que princípios como a autonomia escolar, a prestação de contas, a gestão baseada em resultados e a liberdade de escolha escolar têm penetrado profundamente em como se regulam, proveem e financiam os serviços educativos.

As mencionadas reformas realizadas no Brasil a partir dos anos de 1990, que tiveram como orientação a NGP, sob o argumento da racionalidade técnica e de atribuição de maior eficiência ao setor público, introduziram mecanismos de gestão e organização escolar que afetaram em grande medida as condições de trabalho, de carreira e de remuneração dos docentes (OLIVEIRA, 2015; OLIVEIRA, 2018). Alguns desses mecanismos têm sido impostos por medidas de flexibilidade da legislação trabalhista, dando maior liberdade à contratação temporária dos professores e permitindo maior diversificação remuneratória.

Entretanto, esse processo ocorreu de forma bastante diferenciada entre os estados e municípios. Ao mesmo tempo que as escolas passaram a ter maior autonomia por meio da gestão democrática, passaram a conviver com estratégias e ferramentas de controle e regulação por meio da avaliação externa com vistas à maior eficiência nos resultados. Nesse período, assistiu-se a uma importante ofensiva de programas empresariais no contexto escolar variando desde modelos da "qualidade total" até as parcerias empresa e escola.

A adoção da NGP na educação trouxe mudanças importantes para a configuração do sistema educacional e das escolas. Ela veio acompanhada de um processo de descentralização administrativa e financeira, atribuindo às escolas maior autonomia institucional e responsabilidades. A ênfase nas avaliações dos resultados acadêmicos passou a comandar a gestão escolar, constituindo-se importante mecanismo de regulação do sistema. É por meio de seus resultados, do "conhecimento" produzido em forma de indicadores, que a escola passou a ser avaliada.

Como afirma Lessard (2004), os modelos de regulação dos sistemas educativos denominados *Estado-avaliador* ou *governança por resultados* centram-se na alavanca da avaliação, da prestação de contas e da responsabilização. Buscam a melhora da qualidade do sistema de ensino via promoção da avaliação e da contratualização das escolas. Essa experiência vivida em diferentes contextos nacionais, com suas particularidades em cada caso, tem sido cada vez mais uma constante nas redes públicas de ensino no contexto latino-americano.

As reformas dos anos de 1990 contribuíram para o esmaecimento da noção de direito e de uma concepção de público e de cidadania que, durante a segunda década dos anos de 1980, orientou o processo constituinte brasileiro. Isso contribuiu para instaurar uma nova relação entre sociedade civil e Estado bastante ambígua nos marcos de um país que apresenta fortes traços de desigualdade econômica, geográfica e social. O processo de privatização de alguns serviços públicos estabeleceu novo comportamento entre o cidadão e a oferta de determinados bens e serviços essenciais, orientado por uma dinâmica de mercado, regulado pela concorrência.

Após uma década de reformas de orientação neoliberal, tendo à frente o Presidente Fernando Henrique Cardoso (1995-2002), a história do país começou a mudar na primeira década do século atual, com a chegada à Presidência da República de um trabalhador, nordestino imigrante em São Paulo, operário, sindicalista e sem um título de educação superior, Luiz Inácio Lula da Silva (2003-2010). Com uma biografia bem distinta dos seus antecessores provenientes das elites, Lula representava muitas expectativas dos setores populares. Sendo um país extremamente desigual, portador de altas taxas de pobreza e violência, mesmo sendo uma grande potência econômica, os desafios que se impunham a um novo governo de caráter democrático-popular, eleito a partir da crítica ao neoliberalismo, eram muitos. Dentre eles, promover mudanças sociais que pudessem superar o subdesenvolvimento e a condição de subalternidade com que o país muitas vezes era tratado externamente, ao mesmo tempo que possibilitar a inclusão de enormes contingentes populacionais no plano interno e reduzir a escandalosa e persistente desigualdade econômica refletida em todos os âmbitos: regional, de classe, de gênero, geracional e de cor/raça.

Entretanto, se por um lado o Governo Lula procurou responder a muitas dessas expectativas, por outro, foram várias as frustrações que deixou. No campo educacional, as frustrações foram, em grande medida, em razão das muitas permanências em relação às políticas anteriores (OLIVEIRA, 2009). As disputas no interior do próprio governo resultaram em uma política educacional pendular e ambígua. Mesmo desenvolvendo importantes programas de inclusão social que representaram significativo acolhimento a setores historicamente excluídos do sistema educacional, acabou se orientando por uma agenda educacional cuja matriz de referência é a teoria do capital humano.

É possível afirmar que o governo democrático-popular iniciado por Lula e continuado pela Presidenta Dilma Rousseff (2011-2016) reverteu em alguns aspectos significativos o processo de reformas neoliberais do governo anterior. Nos treze anos desses governos, a educação como política social sofreu importantes mudanças que marcaram definitivamente a sociedade brasileira.

Essas mudanças foram forjadas em processos complexos, às vezes contraditórios. Esses governos desenvolveram importantes iniciativas no sentido de ampliar e assegurar o direito à educação, especialmente, no que se refere à universalização da educação básica, incluindo setores que historicamente estiveram às margens do sistema escolar, e à democratização do acesso à educação superior. Merecem especial destaque: o Programa Bolsa-Família (PBF), criado por meio da Lei Federal n. 10.836, de 9 de janeiro de 2004; a criação dentro do Ministério da Educação da Secretaria de Educação Continuada e Diversidade do Ministério da Educação (Secad) em 2004, transformada posteriormente em Secretaria de Educação Continuada,

Diversidade e Inclusão (Secadi); e o Programa Mais Educação (PME), instituído pela Portaria Interministerial n. 17/2007 e regulamentado pelo Decreto 7.083/2010.

Na educação básica, a ampliação da obrigatoriedade escolar, por meio da Emenda Constitucional n. 59, de 2009, que alterou os artigos 208, 211, 212 e 214 da Constituição Federal brasileira, estabelecendo a obrigatoriedade e gratuidade da educação básica para os indivíduos entre 4 e 17 anos de idade, assegurando inclusive sua oferta gratuita para todos os que a ela não tiveram acesso na idade própria, é um marco importante.

Essa ampliação só se tornou possível porque foi precedida de uma mudança no que se refere ao financiamento da educação básica, a criação do Fundo de Manutenção e Desenvolvimento da Educação Básica e de Valorização dos Profissionais da Educação (Fundeb), por meio da Emenda Constitucional n. 53, de 19/12/2006. Esse Fundo, com duração prevista para 14 anos, representou uma importante ampliação em relação ao Fundo de Financiamento e Manutenção do Ensino Fundamental e de Valorização do Magistério (Fundef), por estabelecer o financiamento das três etapas constitutivas da educação básica: Educação Infantil, Ensino Fundamental e Ensino Médio. Entretanto, a complementação orçamentária por parte da União aos estados permaneceu abaixo do que realmente seria necessário para promover maior equidade, também merece crítica o caráter provisório dessa lei, prevista sua vigência até dezembro de 2020.

Merece destaque ainda a instituição do Piso Salarial Profissional Nacional (PSPN), por meio da Lei n. 11.738 de 2008, ainda que em patamares muito baixos, que representou um instrumento importante, dada as desigualdades do país, por obrigar todos os estados e municípios a pagarem o mesmo valor mínimo para os profissionais da educação básica pública e criar uma vinculação para seu reajuste anual.

No que se refere à educação superior, a ação mais incisiva no sentido de ampliar e democratizar o acesso foi a criação do Programa Universidade Para Todos (Prouni), por meio da Lei n. 11.096 de 2005, que concede bolsas de estudo integrais e parciais (50%) em instituições privadas, em cursos de graduação a estudantes brasileiros de baixa renda. O Prouni é direcionado a um público específico, os egressos do Ensino Médio em situação de pobreza com renda bruta familiar, por pessoa, de até um salário mínimo e meio para as bolsas integrais ou de até três salários mínimos por pessoa para bolsas parciais. Entretanto, essa política comportava um paradoxo, pois, se por um lado permitia o acesso à educação superior por aqueles que jamais poderiam tê-lo sem esse subsídio, por outro, criava um dispositivo de repasse de recursos públicos para instituições privadas. Uma crítica importante que recebeu esse programa foi o fato de que, no período entre 2011 e 2013, constatou-se contínua privatização da oferta de cursos de formação de professores, por meio do Prouni (216.761 bolsas no período) e do Financiamento Estudantil (Fies)[40] com 109.647 contratos firmados para cursos em licenciatura, inclusive na modalidade Educação a Distância. A flexibilização nas regras do Fies para

---

40 O Fies é um programa do Ministério da Educação destinado a financiar a graduação na educação superior de estudantes matriculados em cursos superiores não gratuitas na forma da Lei n. 10.260/2001. Podem recorrer ao financiamento os estudantes matriculados em cursos superiores que tenham avaliação positiva nos processos conduzidos pelo MEC. Em 2010, o Fies passou a funcionar em um novo formato: a taxa de juros do financiamento passou a ser de 3,4% a.a., o período de carência passou para 18 meses e o período de amortização para 3 (três) vezes o período de duração regular do curso + 12 meses. O Fundo Nacional de Desenvolvimento da Educação (FNDE) passou a ser o Agente Operador do Programa para contratos formalizados a partir de 2010. Além disso, o percentual de financiamento subiu para até 100% e as inscrições passaram a ser feitas em fluxo contínuo.

a obtenção do benefício a partir de 2010, objetivando a ampliação da matrícula em educação superior no país, teve como consequência o forte crescimento nas transferências para grupos privados de educação.

Ao lado do Prouni, outros importantes programas do governo federal buscaram incrementar a formação de professores em nível superior, dentre eles, o Plano Nacional de Formação de Professores (Parfor)[41], dirigido a professores em exercício e sem a necessária habilitação para a função, que chegou a 70.220 matrículas em 2013; e a Universidade Aberta do Brasil (UAB) com 119.475 matrículas em cursos de licenciatura e mais de 90 mil concluintes no mesmo ano. Outro programa que vale ser ressaltado é o Sistema de Seleção Unificada (Sisu), que paulatinamente foi pondo fim aos vestibulares das universidades públicas, especialmente as federais.

De acordo com o Censo da Educação Superior de 2010 (INEP, 2011), nesse período, constatou-se um forte incremento na matrícula geral em educação superior, exibindo um crescimento do número de matrículas, nos cursos de graduação, que aumentou em 7,1% de 2009 a 2010 e 110,1% de 2001 a 2010, e o número de estudantes que concluíram cursos de graduação em 2001 com os resultados obtidos em 2010 – de 390 mil (2001) para 973,8 mil (2010). Os dados do Censo da Educação Superior de 2010 também mostram que a distribuição regional na década ficou mais equilibrada. A região Nordeste, por exemplo, tinha 15% das matrículas em 2001 e alcançou 19%, em 2010; e a região Norte, que tinha 4,7% das matrículas, termina a década com 6,5%.

Essas medidas resultaram também em relativa popularização do perfil dos estudantes das universidades federais. Estudo realizado pelo Inep (2012) demonstra que, entre os anos de 2001 e 2010, aumentou o percentual de estudantes oriundos de família que vivem com até três salários mínimos (41%), os pretos e pardos (40,8%) e mais de 1/3 trabalham e estudam.

Outra importante ação dirigida à expansão da educação superior foi a criação do Programa de Apoio a Planos de Reestruturação e Expansão das Universidades Federais (Reuni). O principal objetivo do Reuni foi ampliar o acesso e a permanência nas universidades federais. Foram criadas nesse período 18 novas universidades públicas. O programa permitiu a expansão física, acadêmica e pedagógica da rede federal de educação superior possibilitando o aumento de vagas nos cursos de graduação, a ampliação da oferta de cursos noturnos, a promoção de inovações pedagógicas e o combate à evasão, entre outras metas orientadas a diminuir as desigualdades sociais e educacionais no país[42].

Outra medida importante foi a aprovação da Lei n. 12.711/2012, que estabelece cotas nas Instituições Federais de Ensino para pretos, pardos, indígenas e alunos de escola pública. Essa Lei foi aprovada em agosto de 2012, após quase treze anos de tramitação enfrentando fortes resistências, mas também tem sua vigência limitada a um prazo de 10 anos, com alteração provisória posteriormente pela Lei n. 13.409/2016.

Outro programa desenvolvido nesse período, já no governo Dilma Rousseff, foi o Programa Nacional de Acesso ao Ensino Técnico e Emprego (Pronatec). Criado em 2011,

---

41 Decreto 6.755/2009, que institui o Plano Nacional de Formação dos Professores da Educação Básica (Parfor) e o Decreto 5.800/2006 que institui Universidade Aberta do Brasil (UAB).

42 Disponível em http://reuni.mec.gov.br/index.php?option=com_content&view=article&id=25&Itemid=28

pela Lei n. 12.513, com a finalidade de ampliar a oferta de cursos de Educação Profissional e Tecnológica (EPT), por meio de programas, projetos e ações de assistência técnica e financeira, recebeu muitas críticas da comunidade acadêmica. Os objetivos específicos desse programa foram: a expansão das redes federal e estaduais de EPT; a ampliação da oferta de cursos a distância; a ampliação do acesso gratuito a cursos de EPT em instituições públicas e privadas; a ampliação das oportunidades de capacitação para trabalhadores de forma articulada com as políticas de geração de trabalho, emprego e renda; e a difusão de recursos pedagógicos para a EPT. Esse Programa instituiu uma nova modalidade de Bolsa Formação para atender a um público composto por estudantes do Ensino Médio da rede pública, inclusive da educação de jovens e adultos; os trabalhadores; os beneficiários dos programas federais de transferência de renda; e os estudantes que tenham cursado o Ensino Médio completo em escola da rede pública.

O Pronatec é um programa que busca uma articulação entre sistema educacional e sistema de emprego, bastante característico da matriz da teoria do capital humano. Entretanto, as principais críticas que recebeu estão focadas na sua gestão, sobretudo, na relação estabelecida com as parceiras: as instituições da Rede Federal de Educação Profissional, Científica e Tecnológica; as instituições de educação profissional e tecnológica das redes estaduais, distrital e municipais; as instituições dos serviços nacionais de aprendizagem; e as instituições privadas de Ensino Superior e de educação profissional e tecnológica devidamente habilitadas para a oferta de cursos técnicos de nível médio, no âmbito da iniciativa Bolsa-Formação.

Dentre as críticas recebidas, Nascimento e Cruz consideram que o Programa favorece a privatização da Educação Profissional, pois:

> o repasse de recursos públicos para o setor privado para a promoção de políticas de formação para o mercado de trabalho beneficia duplamente este setor, por um lado porque forma mão de obra para os interesses do capital, por outro porque drena recursos públicos para a manutenção de seus interesses (NASCIMENTO & CRUZ, 2016, p. 2).

Outro grande marco no setor educacional por esses governos foram as mobilizações em torno das Conferências Nacionais de Educação (Conae), realizadas em 2010 e 2014, influenciando a tramitação do projeto de lei que deu origem ao Plano Nacional de Educação (PNE), aprovado como Lei n. 13005, em 25 de junho de 2014, composto por 20 metas a serem cumpridas nos dez anos subsequentes. A 20ª meta desse Plano prevê a ampliação do financiamento da educação em 10% do PIB até o final da década.

4.1 As políticas de avaliação: aperfeiçoamento e alinhamento internacional

Esse período dos governos democrático-populares foi também marcado por forte incremento às políticas de avaliação da educação e pelo aperfeiçoamento de programas desenvolvidos durante o governo de Fernando Henrique Cardoso. O Sistema de Avaliação da Educação Básica (Saeb), desenvolvido nos anos de 1990 sob a organização do Inep, a princípio, tendo como característica ser uma avaliação amostral que focava aspectos relativos ao ensino, tais como taxas de aprovação, repetência e evasão e dados a respeito da função docente, dentre outros, foi aprimorado nesse período.

Em 2005, o Saeb sofreu uma reestruturação por meio de uma Portaria do MEC (n. 931/2005), passando a ser composto por dois subsistemas, a Avaliação Nacional da Educação (Aneb) e a Avaliação Nacional do Rendimento Escolar (Anresc), que ficou mais conhecida como Prova Brasil. A Aneb, instituída com periodicidade bianual, abarcava a rede pública e privada de ensino e era direcionada aos estudantes do 5º ano e do 9º ano do Ensino Fundamental e do 3º ano do Ensino Médio regular, tanto em áreas urbanas como rurais. As disciplinas avaliadas eram língua portuguesa e matemática. Os dados da Aneb eram apresentados por unidades da federação (estados) e por regiões geográficas.

A Anresc (Prova Brasil) tinha como foco os estudantes do 5º ano e 9º anos do Ensino Fundamental da rede pública de ensino. Para participar, as escolas necessitavam ter no mínimo 30 alunos matriculados nos anos avaliados. Tratava-se de uma avaliação censitária bianual. Essa avaliação tinha como objetivo produzir diagnósticos em duas áreas de aprendizagem: língua portuguesa e matemática. Os instrumentos avaliativos de ambas, Aneb e Anresc, compreendiam os testes cognitivos e questionários contextuais.

Contudo, a mais importante realização do MEC nesse período foi a criação, em 2007, do Índice de Desenvolvimento da Educação Básica (Ideb), que representou uma verdadeira mudança de cultura no sistema educacional brasileiro. O Ideb passou a ser a principal referência para definir o que é a qualidade da educação no país, constituindo-se assim em parâmetro para a formulação de políticas voltadas para a Educação Básica. O Ideb foi instituído pelo Plano de Desenvolvimento da Educação (PDE)[43], apresentado pelo Ministério da Educação, por meio do Decreto n. 6.094, de 24 de abril de 2007, com a finalidade de colocar à disposição dos estados, dos municípios e do Distrito Federal instrumentos eficazes de avaliação e implementação de políticas de melhoria da qualidade da educação, sobretudo da educação básica pública. Os resultados da Prova Brasil, a partir de 2007, passaram então a integrar o Ideb, sendo amplamente divulgados pela imprensa brasileira.

O Decreto n. 6.094/2007 dispõe sobre o Plano de Metas e Compromisso Todos pela Educação que contempla 28 diretrizes a serem seguidas pelos estados, Distrito Federal e municípios com a participação das demais entidades e instituições da sociedade. O capítulo II dispõe sobre o Ideb; o capítulo III define o termo de adesão "voluntária" dos municípios e estados; e, por fim, o capítulo IV estabelece o Plano de Ações Articuladas (PAR) como requisito para obter apoio técnico e financeiro da União (BRASIL, 2007).

Esse Plano inaugura um novo regime de colaboração, conciliando a atuação dos entes federados, envolvendo primordialmente a decisão política, a ação técnica e o atendimento da demanda educacional, visando à melhoria dos indicadores educacionais. Para isso, estabelece um instrumento diagnóstico composto por indicadores que revelam a situação educacional de cada sistema de ensino. É por meio do diagnóstico construído com esses indicadores que o MEC presta assistência técnica e financeira aos entes federados. Configura-se então um modelo de regulação por parte do governo federal que, com base nesse índice, passa a traçar metas educacionais a serem alcançadas pelas escolas das redes públicas estaduais e municipais, ou seja, aquelas cuja competência não é da esfera federal.

---

43 BRASIL/*Ministério da Educação. O plano de desenvolvimento da Educação*: razões, princípios e programas, 43 p.

O Enem, instituído pela Portaria n. 438/1998 (MEC/Inep) como uma ação integrada à política nacional de avaliação da Educação Básica, no final do primeiro governo de Fernando Henrique Cardoso, foi também aprimorado durante o governo Lula. Esse exame foi elaborado a partir de uma estrutura de competências, associadas aos conteúdos disciplinares que os alunos deveriam ter incorporado ao longo dessa etapa de ensino, alinhadas aos Parâmetros Curriculares do Ensino Médio.

Em 2009, o Enem sofreu uma reformulação por meio da Portaria (n. 109/2009) no seu uso como forma de seleção unificada nos processos seletivos das Instituições Federais de Ensino Superior (Ifes). O novo Enem passou a ser composto por testes de rendimento em quatro áreas do conhecimento: linguagens, códigos e suas tecnologias (incluindo redação); ciências humanas e suas tecnologias; ciências da natureza e suas tecnologias; e matemática e suas tecnologias.

A partir dessa Portaria, o Enem passou a ter como objetivos democratizar as oportunidades de acesso às vagas federais de Ensino Superior; possibilitar a mobilidade acadêmica; induzir a reestruturação dos currículos do Ensino Médio; promover a certificação de jovens com mais de 18 anos, sendo mantida a perspectiva inicial de ser uma referência para autoavaliação e de ser um instrumento complementar de processos seletivos para o mercado de trabalho. As instituições de educação superior poderiam optar por aderir ao novo Enem ou como fase única para seleção de estudantes, ou como a primeira fase do processo seletivo; ou combinar o Enem e o vestibular realizado pela própria instituição; ou como fase única, para as vagas remanescentes do vestibular (MEC/Inep, 2009).

É importante ressaltar que o Pisa passa a ser uma referência importante para a definição da política de avaliação da educação brasileira nesses governos. A metodologia do Ideb foi desenvolvida tendo como referência o Pisa (VILLANI & OLIVEIRA, 2018), além da sua inscrição como referência para a qualidade almejada na educação estabelecida na Lei n. 13.005/2014 que aprovou o PNE.

Essa vinculação da qualidade da educação brasileira à proficiência do Pisa já se encontrava na primeira versão do Projeto de Lei (PL 8.035/2010) enviado ao Congresso pelo Poder Executivo para o Plano Nacional de Educação, que foi aprovado como Lei n. 13.005 em 2014. O PNE estabelece, em sua meta 7, que trata da qualidade da educação básica no país, as médias nacionais para o Ideb, até 2021, estabelecendo a média 6 para os anos iniciais do Ensino Fundamental, 5,5 para os anos finais e 5,2 para o Ensino Médio. Define também que deve ocorrer a melhoria do desempenho escolar dos alunos da educação básica no programa Pisa e fixa em sua Estratégia 7.11 as projeções numéricas para as médias nacionais a serem obtidas nos próximos exames Pisa.

O Pisa é considerado como modelo de referência (estatística e epistemológica) de qualidade do sistema escolar no Brasil. Essas ações refletem, em certa medida, uma intencionalidade política por parte do Inep de ter um referencial internacionalmente reconhecido como o Pisa e de exercer influência sobre os governos e decisores políticos. Ao interferir nas políticas educacionais no Brasil, a Ocde produz uma transformação e uniformização do conceito de qualidade educativa que vai sendo incorporada no país (VILLANNI & OLIVEIRA, 2018). A incorporação do Pisa na legislação brasileira é reflexo da absorção do imaginário social difundido pela Ocde. Ela traduz uma relação de poder, na qual revela uma posição de subordinação e colonização. Os parâmetros para definir o que é uma educação de qualidade para a sociedade brasileira são dados de fora dela, nada mais característico da ironia apresentada por Popkewitz (2002) do *local hero* e o *estrangeiro indígena*.

Por fim, é possível afirmar que no setor educacional foram muitas as políticas públicas desenvolvidas no período de governo democrático-popular dos presidentes Lula e Dilma Rousseff. Contudo, essas políticas tiveram um caráter pendular entre a ampliação das oportunidades de acesso e permanência no sistema educacional pelos mais pobres e o desenvolvimento e aprimoramento de mecanismos estratégicos para a formação de capital humano, fator de produção e estratégia competitiva.

A matriz da teoria do capital humano esteve presente nesses governos como uma forte orientação. A tese de doutoramento de Aloizio Mercadante Oliva[44], defendida em 2010, um influente quadro nos governos Lula e Dilma, deixa isso claro. Com o título "As bases do novo desenvolvimentismo, uma análise do governo Lula", a tese destaca que a questão da educação e do desenvolvimento científico e tecnológico sempre esteve no centro das preocupações dos desenvolvimentistas clássicos e dos teóricos da dependência. Sem se referir à teoria do capital humano, argumenta que é por meio da educação que se espera superar o subdesenvolvimento que implica, necessariamente e antes de tudo, ir além da produção de matérias-primas e *commodities*. Argumenta que para sair dessa condição é necessário agregar inovação e valor à produção, através da industrialização tardia associada ao desenvolvimento científico e tecnológico. De acordo com ele, o investimento em educação embasaria o esforço inovador, ao mesmo tempo que teria importante papel na criação de uma sociedade mais igualitária.

Para Oliva (2010), o desafio central da implantação da educação de qualidade e da incorporação em larga escala da inovação tecnológica à produção nacional tal como apontado pelos economistas desenvolvimentistas permanecia atual. Segundo ele, a educação é condição indispensável para se atingir o pretendido "novo desenvolvimentismo brasileiro" com os governos democrático-populares na chamada "sociedade do conhecimento": Portanto, a construção de uma sociedade do conhecimento, com educação de qualidade em todos os níveis, geração de inovação e sua incorporação ao sistema produtivo é crítica para a consolidação do Novo Desenvolvimentismo brasileiro (OLIVA, 2010, p. 45).

A permanência da teoria do capital humano como matriz para as políticas educacionais no Brasil desde os anos de 1950 pode explicar em grande medida as desigualdades educacionais (e sociais) do país. É curioso observar a prevalência dessa matriz nos governos de Lula e Dilma Rousseff, que tiveram como base eleitoral os principais perdedores dessa orientação. Tanto nos discursos do presidente Lula, que insistentemente afirmava que a educação não é gasto, mas investimento, quanto na tese de doutorado de um dos ministros mais influentes desses governos, chama a atenção a falta de uma visão crítica sobre a narrativa econômica e restritiva dessa concepção de educação. Na disputa entre projetos educativos conviventes no interior do MEC, entre a Secadi com os seus diversos programas voltados ao atendimento da educação para a diversidade e a Secretaria de Educação Profissional e Tecnológica (Setec)

---

44 Mercadante é um dos fundadores do Partido dos Trabalhadores (PT), foi senador pelo Estado de São Paulo entre 2003 e 2010, e exerceu o cargo de ministro em vários momentos nesses governos, primeiramente de Ciência, Tecnologia e Inovação (2011 a 2012), depois da Educação (2012 a 2014), da Casa Civil (2014 a 2015) e novamente, em outubro de 2015, voltou a ser ministro da Educação, permanecendo no cargo até o afastamento da Presidente Dilma Rousseff em 2016.

com o Pronatec ou a Secretaria de Educação Básica (SEB) com o Ideb, a narrativa econômica prevaleceu sobre os reclamos sociais.

4.2 A centralidade da avaliação e a busca de justiça social

A avaliação da aprendizagem, de políticas, programas e ações tem sido defendida por muitos governos como elemento central para a promoção e garantia da educação de qualidade e maior transparência no uso dos recursos públicos. Apesar de a avaliação ser procedimento indispensável aos sistemas educacionais e ao processo educativo, já que se constitui em elemento inerente ao ato de educar, aos processos pedagógicos, é necessário discutir a centralidade que ganhou nos últimos anos. Há muito discurso político em defesa da avaliação como instrumento de seleção e distribuição de recursos públicos, assim como também tem aumentado as pesquisas sobre o tema, sobretudo aquelas que dão ênfase ao caráter formativo dos processos avaliativos, envolvendo diferentes espaços e atores, e que promovam o desenvolvimento institucional e profissional, articulados a indicadores de qualidade (AFONSO, 2007). Não obstante, o que mais se observa é a avaliação em larga escala orientada à mensuração, classificação e estímulo à competição sem que seus resultados sejam necessariamente direcionados à correção dos desequilíbrios detectados.

As avaliações externas passaram a ser amplamente desenvolvidas na região latino-americana a partir das reformas educacionais dos anos de 1990 como mecanismo de regulação dos sistemas educacionais. Com o processo de descentralização administrativa pedagógica e financeira que os sistemas de ensino passaram a adotar nessas reformas, a avaliação externa passou a ser fundamental para o controle remoto dos governos nacionais. A avaliação passou a constituir-se em elemento central dessa regulação, passando a fornecer os indicadores que são utilizados nos estabelecimentos de metas de gestão muitas vezes influenciando sobre o financiamento da unidade escolar e, em alguns casos, até mesmo a remuneração dos docentes, sem falar, obviamente, na determinação em última instância dos currículos.

A avaliação tem sido usada em muitos países como um instrumento de regulação do trabalho docente, sendo que, em determinados casos, ela tem o poder de definir a renumeração desses profissionais. A literatura internacional tem demonstrado o quanto essa prática tem sido desenvolvida em diferentes contextos nacionais, com algumas variações, e os problemas derivados dela (LESSARD, 2004; BARROSO, 2004; MAROY, 2006, CATTONAR; DUMAY & MAROY, 2013; BERLINER, 2013; FARDELLA & SISTO, 2015). Esses autores convergem em que as avaliações externas são comumente usadas como ferramentas para a regulação pelo conhecimento. Elas são justificadas como instrumentos que visam permitir o melhoramento de suas práticas por meio do conhecimento dos resultados de suas ações e a incitação a uma prática reflexiva. Mesmo onde essas avaliações não se encontram diretamente vinculadas à remuneração docente, ainda assim elas representam um risco à profissionalidade docente, pois elas têm influências sobre as formas de organização do trabalho escolar, à gestão pedagógica e podem ter consequências sobre a subjetividade docente.

O argumento principal para a justificativa dos sistemas de avaliação é fornecer um indicador de qualidade do ensino que possa ser apropriado pela sociedade, a fim de permitir a mobilização dos diferentes agentes para que as práticas sejam ajustadas com o objetivo de melhorar os resultados. Mas quais são esses resultados e para que eles servem? Quem define os conhecimentos que devem ser ensinados? Na atualidade, os testes têm determinado cada vez mais os currículos no mundo. Esses resultados são baseados em padrões definidos internacionalmente e exterior às escolas. Essa determinação direta ou indireta dos testes sobre o currículo pode pôr em risco justamente a qualidade que a educação deveria oferecer ao conjunto da população e ameaçar o direito das minorias. Esses processos de avaliação são promotores de exclusão.

Nesse sentido é curioso o amplo movimento envolvendo setores governamentais, fundações "filantrópicas" e as entidades representativas dos gestores educacionais União Nacional dos Dirigentes Municipais de Educação (Undime) e o Conselho Nacional de Secretários de Educação (Consed) pela aprovação da Base Nacional Comum Curricular (BNCC). A aprovação bastante controversa da BNCC, alvo de crítica das entidades representativas dos trabalhadores de educação, bem como das entidades acadêmicas, justifica-se na determinação legal encontrada na LDB (Lei n. 9.394/1996), de que "a Base deve nortear os currículos dos sistemas e redes de ensino das Unidades Federativas, como também as propostas pedagógicas de todas as escolas públicas e privadas de Educação Infantil, Ensino Fundamental e Ensino Médio, em todo o Brasil. Dessa forma, ela foi aprovada com o objetivo de "estabelecer conhecimentos, competências e habilidades que se espera que todos os estudantes desenvolvam ao longo da escolaridade básica"[45].

O incremento à avaliação vem associado ao debate em torno do direito à educação, por meio da garantia da qualidade do ensino. Este último põe no centro das políticas educacionais a avaliação como único critério de verdade e mecanismo de distribuição dos bens sociais. Considerando a educação como um mecanismo de promoção de justiça social, por meio da distribuição de bens culturais e das possibilidades dadas aos indivíduos de se mobilizarem socialmente (argumento crucial no quadro da teoria do capital humano), a promessa de futuro, a procura pelo sistema escolar passou a ser uma constante na luta pela ampliação dos direitos sociais nos últimos dois séculos.

Contudo, ao adotarem os sistemas de avaliação como parâmetro das políticas educacionais, definindo em muitos casos a distribuição e destinação dos recursos públicos, os governos acabam por legitimar suas escolhas político-ideológicas por meio da racionalidade técnica. Essa tecnicização da política social é velha e conhecida estratégia, como demonstram Lenhardt e Offe (1984, p. 46), já que "a política social não gera soluções e sim matérias de conflito". Esses autores identificavam essa tendência de "cientifizar" a política social, de fazer participar decisivamente especialistas científicos no desenvolvimento e na avaliação de programas políticos como uma atitude dos governos esperando "que a ciência formule recomendações para a realização mais eficiente de programas, bem como para tornar mais precisa a incidência das medidas sociopolíticas" (LENHARDT & OFFE, 1984, p. 46).

Institui-se assim uma busca pela eficiência, justificada por critérios de justiça baseados no mérito individual, que repousa sobre uma perspectiva homogênea e padronizada de avaliação para fundamentar uma distribuição diferenciada. A lógica perseguida pelo princípio de justiça que informa os sistemas educacionais como "o ideal de igualdade de oportunidades"

---

45 Disponível em http://basenacionalcomum.mec.gov.br/ – Acesso em 23/03/2020.

trata a todos como iguais, a partir de um padrão de igualdade e um patamar de entrada que exclui, ou deixa à margem, importante contingente que não corresponde a esses critérios. Essas políticas estão na contramão de um sistema equitativo, pois promovem a concorrência entre desiguais, ignorando os lugares de partida e os meios disponíveis para se atingir os fins predeterminados. Portanto, essas políticas podem promover muito mais injustiça que o contrário. Amartya Sen (2011), recorrendo a Rawls, destaca que a busca da justiça tem de estar ligada à ideia de equidade e de certa forma ser derivada dela.

Dubet (2004) observa que, ao contrário das sociedades aristocráticas que priorizavam o nascimento e não o mérito, as sociedades democráticas escolheram, convictamente, o mérito como um princípio essencial de justiça: a escola é justa porque cada um pode obter sucesso nela em função de seu trabalho e de suas qualidades. Sendo assim, ele observa que:

> na verdade, a questão não era tanto criar um reino de igualdade de oportunidades, e sim permitir certa mobilidade social graças à escola para as classes médias e uma minoria do povo. Esse elitismo republicano (é assim que ele é chamado na França) repousa, portanto, sobre um princípio de mérito bastante parcial, e o fato de que muitos professores tenham sido bolsistas não nos deve levar a uma nostalgia que não se sustenta além das classes médias escolarizadas, que tudo devem à escola (DUBET, 2004, p. 541).

O autor argumenta ainda que a igualdade de oportunidades meritocráticas supõe igualdade de acesso. Nos países ricos e modernos, o princípio meritocrático da igualdade de oportunidades foi progressivamente implantado com o alongamento da escolaridade obrigatória comum, associado a uma substantiva abertura do ensino secundário e superior. Ele lembra que, na França, a igualdade de acesso à escola está quase garantida, constituindo-se em um progresso considerável. Destaca, entretanto, que:

> essa escola não se tornou mais justa porque reduziu a diferença quanto aos resultados favoráveis entre as categorias sociais e sim porque permitiu que todos os alunos entrassem na mesma competição. Do ponto de vista formal, atualmente todos os alunos podem visar à excelência, na medida em que todos podem, em princípio, entrar nas áreas de maior prestígio, desde que autorizados por seus resultados escolares. A escola é gratuita, os exames são objetivos e todos podem tentar a sorte (DUBET, 2004, p. 541).

Considerando que se trata de uma concepção puramente meritocrática de justiça escolar, Dubet (2004) assinala que tal concepção se defronta com grandes dificuldades, destacando dentre elas: a constatação de que a abertura de um espaço de competição escolar objetiva não elimina as desigualdades entre as pessoas; as diferenças de desempenho entre alunos que pertencem às mesmas categorias sociais; entre os sexos e entre os grupos sociais. O autor ressalta que essas desigualdades estão ligadas às condições sociais dos pais, mas também ao seu envolvimento com a educação, ao apoio que dão aos filhos, bem como à sua competência para acompanhá-los e orientá-los. Enfim, assevera que as desigualdades sociais pesam muito nas desigualdades escolares.

Dubet (2004) salienta ainda que o modelo meritocrático de igualdade de oportunidades pressupõe para ser justo: a oferta escolar igual e objetiva, ignorando as desigualdades sociais dos alunos. Sublinha que as pesquisas têm demonstrado que a escola trata menos bem os alunos menos favorecidos: os entraves são mais rígidos para os mais pobres, a estabilidade das equipes docentes é menor nos bairros difíceis, a expectativa dos professores é menos favorável às famílias desfavorecidas que se mostram mais ausentes e menos informadas nas reuniões, o que o leva a concluir que "a competição não é perfeitamente justa" (DUBET, 2004, p. 543).

Outro limite apontado pelo autor no modelo de igualdade de oportunidades são os sérios problemas pedagógicos que ele comporta:

> O princípio meritocrático pressupõe que todos os alunos estejam envolvidos na mesma competição e sejam submetidos às mesmas provas. Isto faz com que as diferenças se aprofundem. Na competição entre os alunos, alguns perdem, se desesperam e desanimam seus professores. Deixados de lado, são marginalizados em currículos diferenciados e ficam cada vez mais enfraquecidos. No final das contas, o sistema meritocrático cria enormes desigualdades entre os alunos bons e os menos bons (DUBET, 2004, p. 543).

E, finalmente, o autor questiona a própria ideia de mérito: "O mérito é outra coisa além da transformação da herança em virtude individual? Ele é outra coisa além de um modo de legitimar as desigualdades e o poder dos dirigentes?" (DUBET, 2004, p. 544).

A despeito das suspeitas em relação ao sistema meritocrático, das variadas críticas e restrições que lhe são apontadas, ele permanece na base dos sistemas escolares nacionais, sendo constantemente legitimado como critério objetivo na seleção das posições sociais, como forma mais justa, transparente e segura de definição dos que devem obter mobilidade social. Por meio da formação oferecida ou dos títulos concedidos, o sistema escolar tem atuado durante quase dois séculos como importante agência de seleção e distribuição de posições sociais (BOURDIEU, 2007).

No Brasil, com sua estrutura federativa, em que estados e municípios têm relativa autonomia para legislar e interferir em determinadas matérias, a análise das políticas educacionais exige sempre o cuidado de observar o que se passa nos três níveis de poder e organização administrativa. Paralelamente a importantes políticas de inclusão da diversidade no sistema escolar desenvolvidas pelo governo federal, em especial aquelas implementadas pela Secadi, durante os governos de Lula e Dilma Rousseff, no mesmo período estados e municípios foram adotando políticas orientadas por uma lógica de eficiência induzida por um modelo de regulação orientado pelo Ideb. Por meio de um complexo sistema que visava o apoio técnico e financeiro da União aos municípios e estados, por meio do Plano de Ações Articuladas (PAR)[46], o governo federal atuou como indutor da política nacional de educação. Os estados e municípios foram adotando políticas que visavam à maior eficiência na gestão, incrementando estratégias organizacionais com o estabelecimento de metas, com o monitoramento realizado por meio da mensuração dos resultados obtidos nos testes em larga escala realizados pelos alunos, sendo essa métrica o Ideb.

---

46 O Plano de Ações Articuladas é um instrumento de planejamento da educação por um período de quatro anos, que envolve o Ministério da Educação, as secretarias de Estado e municípios. A elaboração do PAR é requisito necessário para o recebimento de assistência técnica e financeira do MEC/FNDE, de acordo com a Resolução/CD/FNDE n. 14, de 08 de junho de 2012.

Esse modelo de regulação levou ao desenvolvimento de uma verdadeira indústria da avaliação. Muitos estados, na realidade a imensa maioria deles, desenvolveram seus próprios sistemas de avaliação, todos compatíveis com a lógica do Ideb, quase uma sobreposição. Essa avaliação funciona como um grande negócio que envolve muito recurso público e que representa um campo de interesses que reúne especialistas, empresas de consultorias e outras organizações, inclusive de caráter acadêmico.

É possível considerar, portanto, que as políticas educacionais dos governos Lula e Dilma Rousseff expressam lógicas de justiça que podem se apresentar de forma contraditória, objetivadas em programas distintos que se contradizem e que são muitas vezes conviventes[47]. Desde o desenvolvimento de políticas estruturantes de orientação claramente homogênea e reforçadora do mérito, como o Ideb, a programas dirigidos à inclusão social e escolar com a finalidade de reparar as deficiências, recuperar as defasagens para que supostamente esses indivíduos possam entrar na engrenagem geral. Essas políticas têm em comum o traço de que estão buscando maior equidade.

De acordo com Normand (2008), os princípios da filosofia política de Rawls teriam sido largamente utilizados para afirmar a tese da equidade e para dar legitimidade à igualdade dos resultados ou dos conhecimentos escolares contra uma concepção considerada retrógrada ou ideológica de igualdade de oportunidades, até então hegemônica. A utilização da teoria de justiça de Rawls, que tinha no seu cerne o princípio da diferença, teria auxiliado na construção de modelos de análise da eficácia (ou da rentabilidade), à medida que se desenvolviam técnicas de tratamento de informação cada vez mais sofisticadas (como as meta-análises) e os bancos de dados internacionais; transformando-se, desde então, em dispositivos de governação dos sistemas educativos.

Essa concepção estaria na base dos modelos educacionais que têm priorizado a eficácia e *performance* dos sistemas educativos. Segundo Normand (2008), esses modelos teriam se originado nos Estados Unidos entre os anos de 1970, quando os trabalhos de investigação demonstraram, sob o apoio de estatísticas, que as causas do insucesso escolar não deveriam ser procuradas no meio social dos alunos, mas sim nas condições de funcionamento dos estabelecimentos de ensino. Observando-se, assim, o surgimento do paradigma da eficácia escolar, em detrimento das políticas de ação afirmativa em andamento, amparada pela racionalização e diminuição da despesa pública. Com o reconhecimento internacional advindo mais tarde, a eficácia escolar tornou-se o pilar da reflexão de inúmeros estados e organizações internacionais em matéria de políticas de educação.

Em que pese à realização de políticas positivas de enfrentamento à pobreza e de reconhecimento da diversidade observadas no contexto escolar, a partir da década de 2000 com a assunção dos governos de Lula e Dilma Rousseff, percebe-se também, no sistema educacional brasileiro, o estímulo de medidas educativas pautadas na eficiência e eficácia dos seus serviços, contrariando o sentido inclusivo das citadas políticas. Embora esses governos possuíssem uma ideologia política progressista, não conseguiram romper com a lógica imposta pela NGP e tampouco adotar uma matriz educativa que rompesse com a teoria do capital

---

47 Para uma análise mais detida da convivência de dois programas com lógicas distintas, o PME e o Ideb, cf. Clementino, 2019.

humano, ao contrário, continuaram transpondo para o setor público modelos de gestão que utiliza conhecimentos e instrumentos do meio empresarial, dentre eles: sistemas de avaliação, responsabilização e prestação de contas.

4.3 A educação no Brasil depois de 2016

Em suma, as políticas públicas de educação desenvolvidas entre 2003 e 2016 alcançaram importante êxito no sentido de diminuir profundas brechas sociais e de alavancar da situação de miséria um importante contingente populacional. Essas políticas, no âmbito da educação, promoveram uma verdadeira reorganização do sistema de ensino, tanto no sentido de que novos arranjos foram realizados para atender aos novos sujeitos ingressantes que passaram a demandar outros conteúdos, posturas e relações; quanto no sentido de se ampliar a oferta, especialmente na educação superior, para aqueles que passaram a ter o diploma universitário contrariando sua tradição familiar (GENTILI & OLIVEIRA, 2013).

Algumas dessas políticas que fizeram tanta diferença para importantes setores da população encontram-se na atualidade ameaçadas de descontinuidade. Em que pese às contradições presentes na política educacional levada a cabo no seu conjunto por esses dois governos – Lula e Dilma Rousseff –, elas representam conquistas históricas que colocaram em marcha importantes programas de inclusão social de setores historicamente excluídos do sistema educacional. O caráter pendular e ambíguo da política educacional refletiu em certa medida as disputas no interior do próprio governo, ao mesmo tempo que apresentava permanências significativas em relação às políticas anteriores dos anos de 1990.

De todo modo, as contradições expressas nessas políticas se relacionam com uma concepção de educação orientada a fins econômicos determinados, ou seja, demonstram a permanência da teoria do capital humano como referência para o planejamento educacional, mesmo nos governos mais progressistas que este país experimentou. O investimento em avaliação e o incentivo às políticas de eficiência baseadas em resultados são próprios de uma gestão governamental regida pela NGP.

A passagem do século XX para o XXI trouxe importantes transformações no cenário latino-americano. A aparição de novos governos, em muitos países da região, significou uma mudança de rumo na orientação daquelas políticas que foram hegemônicas durante os anos de 1980 e 1990. O denominador comum desses governos foi a ampla oposição ao consenso político reformista da década de 1990 e a recuperação da centralidade do Estado na implementação de políticas mais inclusivas.

Fazendo o balanço do governo Lula (2003-2010) e seus desdobramentos, Anderson (2011) considera que, como um período na economia política do Brasil, ele pode ser considerado contíguo ao de Fernando Henrique Cardoso, um desenvolvimento dentro da mesma matriz. Já visto como um processo social, marcou uma ruptura distinta. Entre as bases dessa mudança estavam as condições externas, extraordinariamente propícias. Para ele, foi uma época em que a América do Sul como um todo foi palco de uma guinada para a esquerda, o que a distinguiu de qualquer outra região do mundo.

Os governos progressistas latino-americanos desenvolveram grande gama de programas sociais que visavam eliminar a condição de pobreza e reduzir a desigualdade social. Dessa forma, promoveram o ingresso de segmentos que estavam fora dos sistemas regulares de educação e emprego, representando um mecanismo importante de justiça social. Como demonstra Twaites Rey:

> Así se llega al 2000 con un amplio conglomerado de movimientos que expresan el descontento y que logran cuajar en diversas expresiones de gobierno. El cuestionamiento al neoliberalismo y a las nefastas consecuencias de estas políticas en la región deriva en el surgimiento de gobiernos que, en conjunto y al margen de sus notables matices, pueden llamarse "pos-neoliberales" y que expresan correlaciones de fuerza sociales más favorables al acotamiento del poder del capital global. En todos estos casos comienza a cuestionarse la "bondad del mercado" como único asignador de recursos y se recuperan resortes estatales para la construcción política sustantiva. Se conjuga así una retórica crítica frente a las políticas neoliberales, el diseño de propuestas para transformar los sistemas políticos en democracias participativas y directas y una mayor presencia estatal en sectores estratégicos (TWAITES REY, 2010, p. 8).

Entretanto, esses governos não foram tão exitosos em promover sociedades muito mais justas, o que demandaria muito mais rigor nas políticas tributárias e reformas profundas na estrutura concentradora da maioria dos países da região.

O Brasil, sendo um país extremamente desigual e localizado na região mais desigual do planeta, a América Latina, ao final do ciclo dos governos democrático-populares de Lula e Dilma Rousseff, ainda permanecia muito desigual. Em 2014, os 10% mais ricos da população da América Latina tinham ficado com 71% da riqueza da região, segundo dados da Oxfam.

Esse triste quadro é, em certa medida, produzido pela condução política do país desde a Colônia aos dias atuais que sempre esteve a favor de uma elite que usa o Estado para sua própria acumulação privada de bens e recursos. Como explica Faletto (2009), essa é uma particularidade do Estado latino-americano que se desenvolveu como um instrumento facilitador da acumulação privada de uma burguesia supostamente nacional, cujos interesses sempre estiveram muito mais alinhados com o capital internacional que com um projeto de nação.

Buscando explicar as mudanças econômicas vividas pelo Brasil no governo Lula, como uma ruptura em relação ao período anterior, Fiori observa que:

> depois de um longo período de alinhamento quase automático às "grandes potências ocidentais", o Brasil se propôs a aumentar sua autonomia internacional, elevando a capacidade de defesa de suas posições, em virtude de seu poder político, econômico e militar. Nesse período, o Brasil contou com a liderança política de um presidente que transcendeu as dimensões do seu país e projetou internacionalmente sua imagem e sua influência carismática (FIORI, 2013, p. 31).

De fato, Lula se tornou uma liderança internacionalmente conhecida e reconhecida, o que pode ser constatado na maneira respeitosa como foi recebido em importantes espaços de decisão política em âmbito internacional e nos seus muitos títulos de *doutor honoris causa* em universidades latino-americanas e europeias.

Na mesma direção, Pochmann (2013) argumenta que, ao contrário do que se viu nos anos precedentes, no período entre 2003 e 2010, constata-se uma recuperação na participação do rendimento do trabalho na renda nacional, há uma ampliação da taxa de ocupação em relação ao total da força de trabalho e na formalização dos empregos da mão de obra, com a queda da pobreza absoluta. O autor destaca ainda que, observando os últimos quarenta anos, a maior expansão quantitativa de ocupações ocorreu justamente no primeiro decênio do século XXI, sendo que a grande parte dos postos de trabalho gerados se concentrou na base da pirâmide social, já que 95% das vagas abertas tinham remuneração mensal de até 1,5 salário mínimo. Isso significou o saldo de dois milhões de ocupações abertas por ano, em média, para o segmento de trabalhadores de salário de base.

Segundo ainda Pochmann (2013), o resultado direto foi o início da transição da macroeconomia da financeirização da riqueza para a macroeconomia do produtivismo, das obras de infraestrutura e de ampliação da produção nacional em consonância com a elevação do consumo, sobretudo dos segmentos de menor renda, sem efeitos inflacionários. Esse processo resultou em reposicionamento do Brasil no estabelecimento da geopolítica mundial. De acordo com o mesmo autor, nesse período, o Brasil equacionou alguns dos principais problemas de vulnerabilidade externa. De devedor passou a condição de credor internacional, inclusive do FMI. Essa nova posição favoreceu a integração sul-americana e do Mercosul.

Ainda de acordo com Fiori (2013), na América do Sul, o Brasil demonstrou nesse período vontade e decisão de defender seus interesses e seu próprio projeto de segurança e integração econômica do continente. Com sua firme atuação na expansão do Mercosul, na criação da União de Nações Sul-Americanas (Unasul) e do Conselho Sul-Americano de Defesa, o Brasil contribuiu para o engavetamento do projeto da Área de Livre Comércio das Américas (Alca) e reduziu a importância do Tratado Interamericano de Assistência Recíproca e da Junta Interamericana de Defesa, criados e sustentados pelo patrocínio dos Estados Unidos. No cenário econômico mundial, o Brasil alcançou posição nunca antes ocupada, sendo um dos responsáveis pela fundação do BRICS (Brasil, Rússia, Índia, China e África do Sul), que juntos formam um grupo político de cooperação, estando todos em um estágio similar de mercado emergente, devido ao seu desenvolvimento econômico.

O que se observa com esses autores é que durante mais de uma década o Brasil pôde vivenciar um momento político singular na sua história, distinguindo-se dos períodos anteriores, que contribuiu para importantes mudanças no plano interno e externo. Belluzzo (2013) explica que o Brasil encerrou a década de 1990 com uma regressão da estrutura industrial, não acompanhando o avanço e a diferenciação setorial da indústria manufatureira global, o que resultou em perda de competitividade. Ele destaca que, em 2003, apesar de muito augúrio de que o país viveria um desastre econômico com a eleição de Lula, o que se constatou foi a progressiva aceleração do crescimento em ambiente de baixa inflação.

Para Pochmann (2013), as bases da economia social originadas na Constituição Federal de 1988 estabeleceram os grandes complexos do Estado de Bem-Estar Social, especialmente no âmbito da seguridade social (educação, saúde, previdência e assistência social), favoráveis ao avanço do gasto social absoluto e relativo ao PIB. Acrescenta que:

> mesmo assim, a difusão do receituário neoliberal na década de 1990 praticamente paralisou as possibilidades de avanço do gasto social, com crescente focalização

dos recursos e desvio na tendência universalista. [Contudo, para ele, apesar do avanço percebido] continua a reinar a visão liberal-conservadora que considera o gasto social como algo secundário, associado ao paternalismo de governantes e, por isso, passível de cortes (POCHMANN, 2013, p. 151).

Essa tendência observada por Pochmann (2013) mesmo nos governos democrático-populares parece central para compreender as contradições impressas na agenda educativa desse período. Por que esses governos não se propuseram a mudar a direção da agenda educacional no país? O que lhes faltou para de fato promoverem uma revolução na educação brasileira que pudesse inverter as prioridades educativas do país e proporcionar a toda a população o acesso à educação que tem direito? O constante discurso sobre a educação como investimento, como se fosse um desperdício considerá-la um gasto público, é uma das indicações de como a teoria do capital humano estava arraigada nesses governos.

A orientação ambivalente, ou mesmo paradoxal, expressa nas políticas educacionais daquele momento, explica o fato de que apesar da ampliação do direito à educação e da efetiva expansão da oferta educativa em todos os níveis, etapas e modalidades, contraditoriamente, observou-se no mesmo período o crescimento da matrícula em educação privada e o aumento da desigualdade educacional.

A despeito dos avanços em termos de políticas sociais promovidos por esses governos, esse período parece ter se esgotado em pouco mais de uma década com a ascensão de governos de direita e extrema-direita que, por meio de golpes de Estado ou pelo voto popular, chegaram ao poder em um número significativo de países da região.

O que se enfrenta no momento presente no Brasil, após o golpe à presidenta eleita Dilma Rousseff em 2016, e a eleição de Jair Bolsonaro em 2018, é um progressivo avanço da direita, o que também é sentido em grande parte da região latino-americana. De acordo com Iturriza López (2016), as direitas latino-americanas têm habilidade em perpetrarem golpes "democráticos" e "constitucionais", como o que ocorreu em Honduras com Mel Zelaya e no Paraguai com Lugo, estimulando o "ódio social". Acrescente a estes, o Golpe de Estado na Bolívia que levou à renúncia o presidente Evo Morales em novembro de 2019.

Com a alteração da Constituição Federal por meio da Emenda 95, que prevê o congelamento do gasto público para o período de 20 anos, pelo governo do presidente Michel Temer, a meta 20 do PNE, referente ao financiamento da educação, conforme já mencionada, fica profundamente comprometida e com ela todo o Plano. O congelamento previsto para os próximos 20 anos para as políticas sociais, incluindo a educação, impõe tendência regressiva em todas as políticas sociais no país. Muitos programas na área de educação sofreram cortes ou foram extintos. Curiosamente os gastos com as avaliações, em especial com o Pisa, são mantidos inalterados.

5

Da promessa de futuro à suspensão do presente

Notas conclusivas

O título deste livro é uma provocação no sentido de se indagar a respeito de uma agenda da educação que está sempre mirando o futuro sem levar em conta o presente e sem refletir sobre o passado. O aspecto central da discussão que se buscou realizar neste livro é justamente demonstrar como o Pisa é adotado na atualidade como uma referência quase incontestável, cuja proficiência é o alvo, o lugar de chegada, o futuro imaginado. O Pisa assim, representa a corporificação de uma matriz de educação, a teoria do capital humano, dirigida a um modelo específico de desenvolvimento. Essa matriz, gestada em meados do século passado e renovada nos anos de 1990 na virada de século, chega ao seu ápice na atualidade com o Pisa, como uma tecnologia de poder, abrangendo a maior parte da economia mundial, realizando uma regulação transnacional da educação. O livro foi dividido em quatro capítulos com o objetivo de apresentar de maneira organizada e sistemática uma linha de raciocínio que buscou, por um lado, demonstrar como essa matriz vai se constituindo em discurso hegemônico, inclusive colonizando o pensamento progressista e, por outro, interpelar a validade dessa matriz diante das crises enfrentadas pelo neoliberalismo e a globalização.

Como foi exposto nos capítulos anteriores, a partir dos anos de 1950, a maioria dos países da região latino-americana reformaram seus sistemas de ensino buscando atender às exigências do nacional-desenvolvimentismo. Tais reformas visavam ampliar o acesso à educação, considerada importante fator de formação de força de trabalho e principal meio de mobilidade social individual, único caminho para os países subdesenvolvidos ou em desenvolvimento atingirem novos patamares econômicos. Essa orientação veio no corolário de uma nova governação global instaurada a partir da Conferência de Bretton Woods (OLIVEIRA, 2000).

A defesa de um sistema educacional orientado por políticas redistributivas, como mecanismo de redução das desigualdades sociais e como investimento econômico, era o argumento hegemônico, justificado pela teoria do capital humano. Segundo essa teoria, a maior contribuição da educação é melhorar a capacidade dos indivíduos de utilizar os recursos disponíveis para produzir bens e serviços (SCHULTZ, 1967). O elo entre educação e economia se fortalece em um contexto marcado pela ideologia do nacional-desenvolvimentismo (CARDOSO, 1978).

A década seguinte, 1960, representou para vasto número de países da América Latina um período de reorganização de seus sistemas educacionais no sentido da expansão da escolaridade, período em que começavam a se fazer mais presentes na região as orientações vindas dos organismos internacionais tais como a Cepal e a Unesco. A partir dessa década, vários países latino-americanos enfrentaram regimes autoritários, muitos dos quais implantados por meio de golpes de Estado.

A década de 1990 encontrou a maioria das sociedades latino-americanas em regimes democráticos (apesar de débeis democracias) e trouxe novos processos políticos que marcaram mais uma vez a história da América Latina. Essa década é caracterizada pelas reformas neoliberais que pouco a pouco foram se instalando nos países da região. Elas foram justificadas pelas necessidades de ajustes fiscais em sociedades fustigadas por crises econômicas sucessivas, hiperinflação e alto endividamento externo, após uma década (anos de 1980) considerada perdida (CALCAGNO, 2001).

Salama e Valier (1997) observam que as reformas de Estado dos anos de 1990 nos países latino-americanos trouxeram uma orientação mais ou menos convergente com o modelo britânico do período tatcheriano. Essas reformas foram caracterizadas por firme orientação de redução dos gastos públicos destinados à proteção social e à priorização da assistência social aos mais pobres, em geral com fundos públicos provisórios, criados para esse fim.

A passagem do século XX para o atual trouxe importantes transformações no cenário latino-americano. A aparição de novos governos, em muitos países da região, significou uma mudança de rumo na orientação daquelas políticas que foram hegemônicas durante os anos de 1980 e 1990. O denominador comum desses governos foi a ampla oposição ao consenso político reformista da década de 1990 e a recuperação da centralidade do Estado na implementação de políticas mais inclusivas.

A despeito dos avanços em termos de políticas sociais promovidos por esses governos, esse período parece ter se esgotado em pouco mais de uma década com a ascensão de governos de direita, ou por meio de golpes de Estado ou pelo voto popular. E assiste-se na atualidade em muitos países do mundo, incluindo o Brasil, o que pode ser caracterizado como uma "grande regressão".

A intenção neste livro foi descrever o desenvolvimento da matriz teórica que tem sustentado a orientação da agenda da educação em âmbito internacional por mais de meio século, demonstrando sua recepção no contexto brasileiro, as estratégias utilizadas para sua difusão e identificando seus principais atores. Nesse sentido, é possível considerar como a culminância desse desenvolvimento na atualidade o Pisa, instrumento largamente utilizado pela Ocde para comandar em escala internacional a agenda da educação. A intenção foi evidenciar esse processo de construção de um discurso único sobre a qualidade da educação no mundo e as armadilhas que ele esconde, sobretudo quando confrontado aos desdobramentos políticos mais recentes. A forte retórica em torno da mobilidade social, por meio do desenvolvimento de competências para a empregabilidade ou para o empreendedorismo, que dá sustentação ao modelo de avaliação educacional que mede a eficiência dos sistemas educativos para promover o desenvolvimento econômico nacional, tem-se mostrado cada vez mais falaciosa.

O neoliberalismo, como a face política da globalização, levou ao extremo essa retórica provocando a corrosão de direitos sociais e políticos que têm como referência o princípio da igualdade, fazendo com que, como afirma Mishra (2019, p. 188), "a desconexão com uma coletividade mais ampla parecesse pré-requisito do enriquecimento pessoal e da autopromoção". No entanto, as crises políticas atuais que explodem em diferentes partes do mundo, demonstrando certo esgotamento da globalização, põem a descoberto a armadilha dessa retórica. Nas palavras de Mishra:

> Há quase três décadas, a religião da tecnologia e do PIB, assim como o cálculo rudimentar do interesse egoísta, imposto ainda no século XIX, dominam a política e a vida intelectual. Hoje a sociedade de indivíduos empreendedores, ordenada em torno de um mercado evidentemente racional, revela profundezas insondadas de miséria e desespero; e, assim, engendra uma revolta niilista contra a própria ordem (MISHRA, 2019, p. 194).

Della Porta (2019), analisando os protestos entre 2010 e 2014, afirma que aqueles considerados "precariados" que protestavam contra a austeridade representavam coalizões de várias classes e grupos sociais, que se consideravam os vencidos das políticas neoliberais. Para ela, a precariedade era uma condição social e cultural para muitos dos ativistas do movimento, cuja maioria faz parte de uma geração caracterizada pelo alto grau de desemprego e subemprego. De acordo com a autora, esses jovens não são tradicionalmente vistos como vencidos, pois eles receberam uma boa educação e alcançaram alguma mobilidade social, antes eram descritos como os vencedores da globalização.

Os movimentos vividos mais recentemente na região nos dão uma mostra de que a grande regressão observada na Europa e Estados Unidos já chegou por aqui. A onda de manifestações vivida em junho de 2013 é uma marca importante nesse sentido. Os gritos que ecoaram daqueles protestos ainda estão reverberando, apesar da grande babel. Entre a vasta heterogeneidade que comportava os grupos que protestaram, estão os chamados vencidos da globalização, como definidos por Della Porta (2019), demonstrando o esgotamento de uma via à esquerda que pudesse, como afirma Fraiser (2019), juntar os elos entre trabalho e novos movimentos sociais.

Para Della Porta (2019), a juventude instruída, os aposentados e os servidores públicos são os grupos sociais que perderam no ataque neoliberal direitos civis e sociais. Com um chamado à solidariedade e o reforço ao espaço público, para a autora, esses manifestantes rivalizavam com as políticas neoliberais, vistas como injustas e ineficazes. Nesse sentido, denunciavam o confisco dos direitos dos cidadãos pelas elites globais e defendiam direitos políticos e sociais como direitos humanos. Esses movimentos também expressaram seu repúdio aos seus governantes por aquilo que chamaram de sequestro à democracia. Segundo Della Porta (2019, p. 66): "os movimentos antiausteridade construíram uma definição abrangente de suas identidades coletivas, segundo a qual seriam integrados pela grande maioria dos cidadãos".

Entretanto, a autora constata que "esses movimentos progressistas à esquerda foram momentaneamente eclipsados pelo êxito dos partidos de direita" (DELLA PORTA, 2019, p. 69). Ela se refere à eleição de Trump para a presidência dos Estados Unidos e a vitória pelo Brexit no Reino Unido, entre outros acontecimentos pelo mundo como uma grande regressão que marca uma nova clivagem que surgiu em consequência da globalização. Ressalta ainda que o dinheiro teve grande importância nas vitórias da direita, em especial pelas grandes empresas e think tanks que financiaram e apoiaram essas candidaturas. Destaca que "a política da direita é caracterizada por uma forma organizacional específica que se utiliza da liderança forte, personalizada, em vez da participação cidadã" (DELLA PORTA, 2019, p. 71).

Adverte ainda que pesquisas sobre movimentos progressistas mostram claramente que as características específicas da insatisfação sob o neoliberalismo e suas crises são influenciadas pelas reações políticas à grande recessão, em especial pelas estratégias da política de centro--esquerda. Em suas palavras:

> pesquisas sobre as manifestações antiausteridade na América Latina demonstraram que as ondas de protestos mais desestabilizadoras ocorreram onde a política partidária não foi capaz de oferecer canais de dissidência neoliberal, já que todos os grandes partidos apoiaram medidas neoliberais (DELLA PORTA, 2019, p. 74).

Para a autora, os maiores perdedores nesse processo político foram os neoliberais de centro--esquerda. Fraser (2019) parece convergir com essa ideia ao analisar a realidade estadunidense atual, afirmando que:

> o que os eleitores de Trump rejeitaram não foi simplesmente o neoliberalismo, mas o neoliberalismo progressista, definido como uma aliança de correntes predominantes dos novos movimentos sociais (feminismo, antirracismo, multiculturalismo e direitos LGBTQ), por um lado, e segmentos empresariais de serviços e simbólicos de ponta (Wall Street, Vale do Silício e Hollywood), por outro (FRASER, 2019, p. 78).

Para a autora, nessa união, as primeiras emprestaram seu carisma às últimas. Esse estranho arranjo tem suas raízes na desagregação sofrida pela classe trabalhadora com o fim do fordismo, o enfraquecimento dos sindicatos e a corrosão do Estado de bem-estar social. Como afirma Mason (2019, p. 152), analisando o caso inglês, o neoliberalismo adotou "instrumentos de política econômica pró-cíclica para dar início à destruição de setores tradicionais da economia, com o objetivo preciso de atomizar a classe operária e minar a efetividade dos sindicatos".

O que se tentou mostrar neste livro foi que a educação tem contribuído nesse processo, apresentando as bases para a formação de imaginários nacionais, no sentido discutido anteriormente a partir das contribuições de Popkewitz (2002), calcados nos valores difundidos pela moral neoliberal, dos valores mercantis assentados no modelo da economia privada. Esses valores, difundidos por meio de uma agenda da educação que se impõe sobre o mundo como verdade, promovendo uma cultura meritocrática dirigida à competição individual, têm provocado o esmaecimento dos princípios de igualdade e bem comum. Fraser (2019), ainda se referenciando ao momento político atual dos Estados Unidos, de ascensão de movimentos de direita, explica que:

> Identificando o progresso com a meritocracia em vez da igualdade, esses termos equiparavam a emancipação com o surgimento das mulheres, minorias e gays "talentosos" na hierarquia corporativa em que o vencedor leva tudo, em vez de fazê-lo por meio da abolição dessa hierarquia. Essa visão individualista-liberal do progresso aos poucos substituiu o entendimento vasto, anti-hierárquico, igualitário, com sensibilidade de classe e anticapitalista da emancipação das décadas de 1960 e 1970 (FRASER, 2019, p. 80-81).

Para a autora, o neoliberalismo progressista mistura ideais de emancipação truncados e formas de financeirização letais. Sendo assim, ao rejeitar a globalização, os eleitores de Trump também repudiaram o cosmopolitismo liberal que remete a ela. Isso se deu diante da ausência de uma alternativa de esquerda que pudesse juntar os elos entre trabalho e novos movimentos sociais.

Latour analisa a aprovação pela maioria do Brexit como um abandono pelo Reino Unido do jogo da globalização pela razão de que "não há mais planeta capaz de realizar os sonhos da globalização" (LATOUR, 2019, p. 137). Para ele, a compreensão do que se passa na atualidade tem relação com certos fenômenos recentes: i) o que ocorreu a partir dos anos de 1980, a desregulamentação e desmonte do Estado de bem-estar social; e ii) a partir dos anos de 2000 com o 'negacionismo climático'. Esses processos explicam a crise que se encontra hoje a globalização e a regressão à direita. Para Latour (2019, p. 147): "o desafio é talhado para a Europa, visto que foi ela que inventou essa estranha história de globalização, para depois se tornar uma de suas vítimas".

Esse é um tema que vem tomando cada vez mais força, a crise da globalização e a ascensão de governos autoritários em muitos países do mundo dão sinais daquilo que Appadurai (2019) tem analisado como "fadiga da democracia". De acordo com Sassen (2015), enfrentamos na atualidade um desafio formidável na economia global: o surgimento de novas lógicas de expulsão. Para ele, as últimas décadas têm presenciado um forte crescimento do número de pessoas, empresas e lugares expulsos das ordens sociais e econômicas do nosso tempo. E o grande paradoxo dessa questão é que o fato de que amplas cadeias de transações que podem simplesmente terminar em simples expulsões, com frequência, originam-se em formas de conhecimento e de inteligência que respeitamos e admiramos. Por isso a questão é complexa, a análise exige um olhar atento e uma abordagem crítica que rompa com velhas etiquetas e leve em conta uma grande variedade de fatores e situações.

De acordo com Mason (2019), o neoliberalismo, impondo sua narrativa a milhões de pessoas, obrigou a que toda uma geração de trabalhadores se comportasse como se a lógica do mercado fosse mais importante que a lógica do lugar ou a identidade de classe. Isso resultou em uma classe trabalhadora alheia e indiferente ao trabalho, que se preocupava com o mundo além do trabalho. Nas suas palavras:

> Seu impacto narrativo foi a erosão de um conceito de uma área de economia pública. Criou-se uma elite empreendedora da qual os indivíduos mais ambiciosos e ególatras da classe trabalhadora poderiam fazer parte, celebrando o predador financeiro como um novo tipo de herói da classe trabalhadora. Dando origem a uma cultura que enaltece a ignorância e o egoísmo (MASON, 2019, p. 157).

Na região latino-americana, as consequências desses processos podem ser ainda mais duras, dado o alto grau de desigualdade que enfrenta seus países. De todo modo, a análise dos processos pelos quais passam as sociedades na atualidade deve considerar o significativo peso da educação nas narrativas desenvolvidas nas últimas décadas. No caso latino-americano, há que se considerar ainda suas especificidades históricas.

5.1 A especificidade latino-americana e brasileira

De acordo com Puiggrós (2010) na região latino-americana a educação tem sido cúmplice com a escravidão, com a persistência da desigualdade de direitos e de incontáveis discriminações, tem ainda contribuído no sentido de ocultar os saberes produzidos pelos pobres da terra, favorecendo a predominância do conhecimento dos poderosos como verdades. Por isso, ela considera que a discussão sobre o direito à educação ainda é uma ferida aberta na região.

A negação da cultura local na região latino-americana, para Quijano (2015), resultou em uma integração subordinada ao projeto eurocêntrico de colonização, na qual os povos conquistados e dominados foram situados em uma posição natural de inferioridade e, em consequência, também seus traços fenótipos, assim como seus descobrimentos mentais e culturais. Tratava-se da configuração de um novo padrão global de controle do trabalho, como elemento central de um novo padrão de poder, do qual eram de modo conjunto e individual dependentes histórico-estruturalmente. As novas identidades históricas produzidas sobre a base da ideia de raça foram associadas à natureza dos papéis e lugares na nova estrutura global do controle do trabalho.

Para o autor, a Europa não tinha somente o controle do mercado mundial, mas pôde ainda impor seu domínio colonial sobre todas as regiões e populações do planeta, incorporando-as ao seu próprio sistema de mundo. Para essas regiões e populações, isso implicou um processo de reidentificação histórica, pois a partir da Europa lhes foram atribuídas novas identidades geoculturais. A incorporação dessas diversas e heterogêneas histórias culturais a um único mundo dominado pela Europa significou para esse mundo uma configuração cultural e intelectual, intersubjetiva, equivalente à articulação de todas as formas de controle do trabalho em torno do capital. De acordo com Quijano (2015), todas as experiências, histórias, recursos e produtos culturais terminaram também articulados a uma só ordem cultural global em torno da hegemonia europeia ou ocidental.

Para Puiggrós (2010a), é neste contexto dominado por um projeto exterior que se desenvolvem nações, ao invés de pátria[48], no qual os Estados nacionais como projeto e materialização do processo civilizatório moderno desenvolveram seus sistemas escolares à imagem e semelhança dos europeus. Por isso, para a autora o direito à educação como uma questão, não se resolve por causas profundas nas sociedades latino-americanas. Desde os seus primórdios, nas sociedades latino-americanas, as divisões sociais têm tido relação com os cortes étnicos, sexuais, linguísticos e geracionais que estiveram na base da construção das nossas repúblicas, resultando em um sistema injusto de distribuição dos bens e que o acesso que proclamaram as revoluções liberais ainda segue pendente pelo seu insuficiente cumprimento para os setores populares.

E agora, muito mais, considerando a exacerbação da lógica meritocrática trazida por esse pensamento liberal que tem promovido a exclusão crescente das massas trabalhadoras. Ancorados em um discurso que privilegia o mérito acadêmico como o valor único na definição da qualidade educacional, os sistemas educacionais latino-americanos seguem sendo

---

48 Pátria é uma categoria forte no pensamento político latino-americano. O termo Pátria Grande foi usado pela primeira vez pelo argentino Manuel Baldomero Ugarte, em 1922, no livro *A Pátria Grande*, para se referir à integração latino-americana.

colonizados, orientados por modelos alheios a sua realidade. Nesse sentido, o Pisa tem sido o instrumento de colonização (VIRIRU, 2006; BAKER, 2012), impondo sobre essas realidades o projeto de civilização e progresso inspirado pela Ocde. Mas o pior ainda é que no padrão adotado essas sociedades têm fracassado insistentemente.

Rizvi e Lingard (2012) destacam que, nas políticas da Ocde em torno do Pisa, a exclusão social é interpretada como um fracasso na tentativa de envolvimento com a economia do conhecimento, "seja em função da carência de habilidades ou aptidões apropriadas, seja em função da carência de governança eficaz, e não como uma questão mais ampla de formação social e cultural" (p. 548).

Instituindo-se como um regime de verdade, o Pisa e os demais sistemas de avaliação em larga escala, alinhados com ele (produzidos por especialistas, exteriores ao contexto escolar), direcionam a agenda educativa em diferentes contextos nacionais. Os governos orientam suas ações fundamentando-se na "indiscutível" racionalidade administrativa, coerente à NGP, e assim retiram do foco a discussão sobre o direito à educação colocando em seu lugar a busca da eficiência em nome da 'qualidade educativa'. Ao concentrar as atenções na eficiência do sistema, esses governos lançam seus holofotes na batalha pela obtenção do melhor desempenho, baseado no mérito alcançado a partir de suposta igualdade de condições, como critério de justiça.

Como afirma Amartya Sen:

> Os requisitos de uma teoria da justiça incluem fazer com que a razão influencie o diagnóstico da justiça ou da injustiça. Por centenas de anos, aqueles que escreveram sobre justiça em diferentes partes do mundo buscaram fornecer uma base intelectual para partir de um senso geral de injustiça e chegar a diagnósticos fundamentados específicos de injustiças, e, partindo destes, chegar às análises de formas de promover justiças (AMARTYA SEN, 2011, p. 35).

Considerando as desigualdades internas nos sistemas educacionais latino-americanos e, em especial, o sistema educacional brasileiro, com parcos mecanismos capazes de promover alguma equidade, mais injusta se mostra a realidade. Diante das conhecidas e persistentes desigualdades, as recomendações da Ocde, trazidas em relatório econômico recente para o Brasil em matéria de educação, são ainda de mais austeridade:

> O setor público gasta 5,4% do PIB em educação, acima da média dos países da Ocde e da América Latina. No entanto, enquanto a Colômbia, o México e o Uruguai gastam menos por estudante do que o Brasil, esses países apresentam melhor desempenho nos testes Pisa da Ocde, sugerindo que há espaço para melhorar a eficiência dos gastos (OCDE, 2015f). Deslocar os gastos com educação superior para os ensinos pré-primário, fundamental e médio elevaria simultaneamente a progressividade e a eficiência. A gratuidade da educação pública superior tende a beneficiar estudantes de famílias de alta renda, pois os estudantes de escolas privadas de Ensino Médio têm desempenho melhor nos vestibulares. Ao contrário, a oferta de educação pré-escolar diminui significativamente a probabilidade de evasão de estudantes desfavorecidos do sistema educacional (OCDE, 2016). Na alocação de vagas escassas na educação pré-escolar, a preferência deveria ser

dada a famílias de baixa renda e mães solteiras, pois permitiria que mais mulheres participassem do mercado de trabalho (OCDE, 2018, p. 30 e 31).

É assim que esse organismo busca interferir no presente e suas análises pouco fundamentadas encontram acolhida na burocracia técnico-estatal e nos governos que se sucedem. A despeito do enorme vácuo institucional no Ministério da Educação desde a posse do Presidente Jair Bolsonaro, tendo já nomeado quatro ministros em um período de 18 meses e sem conseguir comandar uma agenda para a educação nacional, o Pisa segue sendo a referência de política, aclamado no discurso do último ministro, Milton Ribeiro, a tomar posse para o cargo:

> Queremos abrir um grande diálogo para ouvir os acadêmicos e educadores que, como eu, estão entristecidos com o que vem acontecendo com a educação em nosso país, haja vista nossos referenciais e colocações no *ranking* do Pisa [Programa Internacional de Avaliação de Estudantes]. Ainda, através do incentivo a cursos profissionalizantes, desejamos que os jovens tenham uma ponte ao mercado de trabalho, uma via para que atinjam seu potencial de contribuição para o nosso país [disse o ministro][49].

Os extremos políticos se encontram na defesa do Pisa, o que torna ainda mais desafiadora a crítica a sua matriz. Essa matriz revela uma visão empobrecida do saber, do conhecimento, da educação e da cultura. Em nome de antecipar o futuro, ela reduz as complexidades sociais a uma narrativa econômica. Como explica Laval (2004) a teoria do capital humano "negligencia todas as representações de futuro ligadas às condições presentes, aos valores transmitidos e às chances percebidas e desconhece que a relação com a vida ativa é uma relação que compromete tanto uma história pessoal e coletiva quanto as relações entre as classes sociais, os sexos e as faixas etárias".

No entanto, os defensores locais do Pisa parecem preferir se renderem a essa ficção reducionista. Legitimam com seus gestos, discursos e compromissos as análises que os desqualificam como atores capazes de refletir sobre suas próprias condições. Preferem não considerar o presente e apostar suas fichas no futuro prometido que sempre está mais além.

---

49 Trecho do discurso de posse do ministro da Educação Milton Ribeiro, proferido em 16 de julho de 2020 [Disponível em https://agenciabrasil.ebc.com.br/educacao/noticia/2020-07/mec-milton-ribeiro-toma-posse-e-promete-dialogo-com-educadores].

Referências

ABRUCIO, F.L. "Os avanços e os dilemas do modelo pós-burocrático – A reforma da administração pública à luz da experiência internacional". In: BRESSER-PEREIRA, L.C. & SPINK, P. (org.). *Reforma do Estado e administração pública gerencial*. 3. ed. Rio de Janeiro: Fundação Getúlio Vargas, 1999, p. 173-199.

ADDEY, C. "O Pisa para o desenvolvimento e o sacrifício de dados com relevância política". In: *Educação e Sociedade*, vol. 37, n. 136, 2016, p. 685-706. Campinas.

AFONSO, A.J. "Estado, políticas educacionais e obsessão avaliativa". In: *Contrapontos*, vol. 7, n. 1, jan.-abr./2007, p. 11-22. Itajaí.

AGLIETA, M. *Régulación y crisis del capitalismo*. Cidade do México: Siglo Veintiuno, 1979.

ALBER, A. "Management et nouvelle gestion publique: limites et paradoxes de l'imitation du privé". In: *La Nouvelle Revue du Travail*, n. 2, 2013 [Disponível em http://journals.openedition.org/nrt/934 – Acesso em 10/09/2017].

ALVES, E.L.G. & SOARES, F.V. "Ocupação e escolaridade – Modernização produtiva na região metropolitana de São Paulo. In: *São Paulo em Perspectiva*, vol. 11, n. 1, jan.-mar./1997, p. 54-63.

AMARTYA SEN. *A ideia de justiça*. São Paulo: Companhia das Letras, 2011.

ANDERSON, P. "O Brasil de Lula". In: *Novos Estudos Cebrap*, n. 91, 2011, p. 23-52.

APPADURAI, A. "Fadiga da democracia". In: GEISELBERGER, H. (org.). *A grande regressão* – Um debate internacional sobre os novos populismos e como enfrentá-los. São Paulo: Estação Liberdade, 2019, p. 19-36.

BAKER, B. "Isso é tudo? – As limitações do global/local, Pisa e o dilema da pesquisa sobre o currículo transnacional". In: *Currículo sem Fronteiras*, vol. 12, n. 3, set.-dez./2012, p. 190-216.

BALL, S. "Reformar escolas/reformar professores e os terrores da performatividade". In: *Revista Portuguesa*, vol. 15, n. 2, 2002, p. 3-23.

BANDEIRA, M. *Estrela da tarde*. Olinda: Global, 2012.

BARROSO, J. "Os novos modos de regulação das políticas educativas na Europa – Da regulação do sistema a um sistema de regulações". *Educação em Revista*, n. 39, 2004, p. 53-71. Belo Horizonte: UFMG.

BAUDELOT, C. & ESTABLET, R. *L'Elitisme républicain* – L'école française à l'épreuve des comparaisons internationales. Paris: Seuil, 2009 [La République des Idées].

_____. *L'école capitaliste en France*. Paris: Maspéro, 1971.

BECKER, G.S. *Human Capital* – A Theoretical and Empirical Analysis, with Special Reference to Education. Nova York: Columbia University Press, 1964.

BELLUZZO, L.G. "Os anos do povo". In: SADER, E. (org.). *10 anos de governo pós-neoliberais no Brasil*: Lula e Dilma. São Paulo/Rio de Janeiro: Boitempo/Flacso, 2013.

BERLINER, D. "Effects of Inequality and Poverty vs. Teachers and Schooling on America's Youth". In: *Teachers College Record*, vol. 115, n. 12, 2013. Nova York.

BERNARDO, J. *Economia dos conflitos sociais*. São Paulo: Cortez, 1991.

BOURDIEU, P. *A distinção* – Crítica social do julgamento. São Paulo/Porto Alegre: Edusp/Zouk, 2007.

BOURDIEU, P. & PASSERON, J.C. *A reprodução* – Elementos para uma teoria do sistema de ensino. 3. ed. Rio de Janeiro: Francisco Alves, 1992.

BRASIL. *Constituição da República Federativa do Brasil de 1988*. Brasília: Palácio do Planalto, 2019.

_____. *Lei n. 9.394*, de 20 de dezembro de 1996 – Estabelece as diretrizes e bases da educação nacional.

_____. *Lei n. 4.024*, de 20 dezembro de 1961 – Lei de Diretrizes e Bases da Educação Nacional.

BRASIL/Presidência da República. *Lei n. 13.005*, de 25 de junho de 2014 – Aprova o Plano Nacional de Educação (PNE) e dá outras providências. Brasília, 2014.

BRAY, M. "Actores y propósitos en educación comparada". In: BRAY, M.; ADAMSON, B. & MASON, M. *Educación comparada*: enfoques y métodos. Buenos Aires: Granica, 2010.

BRESSER-PEREIRA, L.C. "Reflexões sobre a reforma gerencial brasileira de 1995". In: *Revista do Serviço Público*, vol. 50, n. 4, 1999, p. 5-30. Brasília.

CALCAGNO, A. "Ajuste estructural, costo social y modalidades de desarollo en América Latina". In: SADER, E. (org.). *El ajuste estructural en América Latina, costos sociales y alternativas*. Buenos Aires: Clacso, 2001.

CANARIO, R.A. "Escola e a abordagem comparada – Novas realidades e novos olhares". In: *Sísifo* – Revista de Ciências da Educação, n. 1, 2006, p. 27-36.

CANCLINI, N.G. *Culturas híbridas* – Estratégias para entrar e sair da Modernidade. São Paulo: Edusp, 1998.

CARDOSO, F.H. "O consumo da teoria da dependência nos EUA". In: PADIS, P.C. (org.). *América Latina*: cinquenta anos de industrialização. São Paulo: Hucitec, 1979, p. 1-19.

CARDOSO, M.L. *Ideologia do desenvolvimento* – Brasil JK-JQ. 2. ed. Rio de Janeiro: Paz e Terra, 1978.

CARNOY, M. *Transforming comparative education*: Fifty years of theory building at Stanford. Palo Alto: Stanford University Press, 2019.

_____. *Razões para investir em educação básica*. Brasília: Unicef/MEC, 1992.

CARNOY, M. & LEVIN, H. *Escola e trabalho no Estado capitalista*. São Paulo, Cortez, 1993.

CARNOY, M. & ROTHSTEIN, R. "What do international tests really show about U.S. student performance?" In: *Economic Policy Institute*, 28/01/2013. Washington D.C.

CARVALHO, L. "Intensificação e sofisticação dos Processos da Regulação Transnacional em Educação – O caso do Programa Internacional de Avaliação de Estudantes". *Educação e Sociedade*, vol. 37, n. 136, 2016, p. 669-683. Campinas.

CARVALHO, L.M. "Multirregulação, comparações internacionais e conhecimento pericial – Interpelando o Pisa como provedor de conhecimentos e políticas". In: OLIVEIRA, D.A. & DUARTE, A.M.C. *Políticas públicas e educação*: regulação e conhecimento. Belo Horizonte: Fino Traço, 2011.

_____. "Governando a educação pelo espelho do perito – Uma análise do Pisa como instrumento de regulação". In: *Educação e Sociedade*, vol. 30, n. 109, set.-dez./2009, p. 1.009-1.036. Campinas.

CASTEL, R. *As metamorfoses da questão social* – Uma crônica da questão social. Petrópolis: Vozes, 1998.

CATTONAR, B.; DUMAY, X. & MAROY, C. "Politique d'évaluation externe et recomposition des professionnalités dans l'enseignement primaire: un cas de responsabilisation (accountability) douce". In: *Éducation et Sociétés*, n. 32, 2013, p. 35-51.

CEPAL. *Transformación productiva con equidad*. Santiago, 1990.

CEPAL/UNESCO. *Educación y conocimiento*: eje de la transformación productiva con equidad. Santiago, 1992.

CLEMENTINO, A.M.J.S. *As tensões e contradições das políticas educacionais brasileiras dos governos de Lula e Dilma Rousseff* – O Ideb e o Programa Mais Educação. Belo Horizonte: UFMG, 2019 [Tese de doutorado].

CORAGGIO, J.L. *Economía y educación*: nuevos contextos y estratégias. Santiago: Ceaal, 1992.

COWEN, R. "A história e a criação da educação comparada". In: COHEN, R.; KAZAMIAS, A.M. & ULTERHALTER, E. *Educação comparada*: panorama internacional e perspectivas. Vol. 1. Brasília: Unesco/Capes, 2012.

DALE, R. "Globalização e educação – Demonstrando a existência de uma cultura educacional mundial comum ou localizando uma agenda globalmente estruturada para a educação". In: *Educação, Sociedade e Culturas*, n. 16, 2001, p. 133-169. Porto.

DASSO JUNIOR, A.E. *Nova gestão pública* – A teoria de Administração Pública do Estado ultraliberal. [s.n.t.], 2014.

Declaração Mundial sobre Educação para todos e Plano de ação para satisfazer as necessidades básicas de aprendizagem. Nova York: Unicef, 1990.

DELEUZE, G. & GUATTARI, F. *A thousand plateaus*: Capitalism and schizophrenia. Mineápolis: University of Minnesota Press, 1987.

DELLA PORTA, D. "Política progressista e regressiva no liberalismo tardio". In: GEISELBERGER, H. (org.). *A grande regressão* – Um debate internacional sobre os novos populismos e como enfrentá-los. São Paulo: Estação Liberdade, 2019, p. 57-76.

DELORS, J. *Educação*: um tesouro a descobrir. São Paulo/Brasília: Cortez/MEC/Unesco, 1998.

DEROUET, J.L. "Les recompositions parallèles des formes de l'Etat et des formes de justice". In: DEROEUT, J.L. & DEROUET, M.C. (orgs.). *Repenser la justice dans le domaine de l'éducation et de la formation*. Lyon: INRP, 2009, p. 3-23.

DIAS, B.F.B.; MARIANO, S.R.H. & CUNHA, R.M. "Educação básica na América Latina: uma análise dos últimos dez anos a partir dos dados do programa internacional de avaliação de estudantes (Pisa)". In: *Revista Pensamento Contemporâneo em Administração*, vol. 11, n. 4, jul.-set./2017, p. 1-26.

DINIZ, E. "Governabilidade, democracia e reforma do Estado – Os desafios da construção de uma nova ordem no Brasil dos anos 90". In: DINIZ, E. & AZEVEDO, S. (org.). *Reforma do Estado e democracia no Brasil*: dilemas e perspectivas. Brasília: Edunb, 1998.

DRAIBE, S.M. "A política social na América Latina: o que ensinam as experiências recentes de reformas?" In: DINIZ, E. & AZEVEDO, S. (org.). *Reforma do Estado e democracia no Brasil*: dilemas e perspectivas. Brasília: Edunb, 1998.

DUBET, F. "O que é uma escola justa?" In: *Revista Cadernos de Pesquisa*, vol. 34, n. 123, set.-dez./2004, p. 539-555. São Paulo: FCC.

DURKHEIM, E. "A educação como processo socializador: função homogeneizadora e função diferenciadora". In: PEREIRA, L. & FORACCI, M.M. *Educação e sociedade* –Leituras de sociologia da educação. 13. ed. São Paulo: Nacional, 1987, p. 34-48.

_____. *Educação e sociologia*. 12. ed. São Paulo: Melhoramentos, 1987.

_____. *A divisão do trabalho social*. Vol. 1. 2. ed. Lisboa: Presença, 1984.

FALETTO, E. "La especificidad del Estado en América Latina". In: GARRETÓN, M.A. (comp.). *Dimensiones políticas, sociales y culturales del desarrollo*. Bogotá: Siglo del Hombre/Clacso, 2009, p. 161-200.

FARDELLA, C. & SISTO, V. "Nuevas regulaciones del trabajo docente en Chile: discurso, subjetividad y resistencia". In: *Psicologia e Sociedade*, vol. 27 n. 1, jan.-abr./2015, p. 68-79. Belo Horizonte.

FAURE, E. *Aprender a ser*. Lisboa: Bertrand, 1972.

FIORI, J.L. "O Brasil e seu 'entorno estratégico' na primeira década do século XXI. In: SADER, E. (org.). *10 anos de governo pós-neoliberais no Brasil*: Lula e Dilma. São Paulo/Rio de Janeiro: Boitempo/Flacso, 2013.

FOGAÇA, A. "Modernização industrial: um desafio ao sistema educacional brasileiro". In: PINO, A. et al. *A educação e os trabalhadores*. São Paulo: Scritt/DNTE/CUT, 1992, p. 13-46.

FONSECA, M. "O Banco Mundial e a gestão da educação". In: OLIVEIRA, D.A *Gestão democrática da educação*: desafios contemporâneos. Petrópolis: Vozes, 1997, p. 46-63.

_____. "O Banco Mundial e a educação: reflexões sobre o caso brasileiro". In: GENTILI, P. (org.). *Pedagogia da exclusão*: o neoliberalismo e a crise da escola pública. Petrópolis: Vozes, 1995, p.169-195.

FOUCAULT, M. *Vigiar e punir* – Nascimento da prisão. Petrópolis, Vozes, 1987.

FRAISE, N. "Neoliberalismo progressista *versus* populismo reacionário: a escolha de Hobson". In: GEISELBERGER, H. (org.). *A grande regressão* – Um debate internacional sobre os novos populismos e como enfrentá-los. São Paulo: Estação Liberdade, 2019, p. 77-90.

FRAISSE-D'OLIMPIO, S. "Les fondements de la théorie du capital humain" [Dossiê]. In: *Ressources En Sciences Economiques Et Sociales*, mai./2009.

FRIGOTTO, G. (org.). *Educação e crise do trabalho*: perspectivas de final de século. Petrópolis: Vozes, 1998, p. 25-54.

_____. *A produtividade da escola improdutiva*: um (re)exame das relações entre educação e estrutura econômico-social capitalista. 4. ed. São Paulo: Cortez, 1993.

GARCIA, P.B. *Educação*: modernização ou dependência? Rio de Janeiro: Francisco Alves, 1977.

GENTILI, P. "Três teses sobre a relação trabalho e educação em tempos neoliberais". In: LOMBARDI, J.; SAVIANI, D. & SANFELICE, J.L. (orgs.). *Capitalismo, trabalho e educação*. Campinas: Editores Associados, 2002, p. 45-59.

GENTILI, P. & OLIVEIRA, D.A. "A procura da igualdade: dez anos de política educacional no Brasil". In: SADER, E. (org.). *10 anos de governos pós-neoliberais no Brasil*: Lula e Dilma. São Paulo/Rio de Janeiro: Boitempo/Flacso, 2013.

GEWIRTZ, S. & BALL, S.J. "Do modelo de gestão do 'Bem-estar Social' ao 'novo gerencialismo' – Mudanças discursivas sobre gestão escolar no mercado educacional". In: BALL, S.J. & MAINARDES, J. (orgs.). *Políticas educacionais*: questões e dilemas. São Paulo: Cortez, 2011, p. 193-221.

GIDDENS, A. *Modernidade e identidade*. Rio de Janeiro: Zahar, 2002.

_____. *As consequências da Modernidade*. São Paulo: Unesp, 1991.

GREK, S. "Atores do conhecimento e a construção de novos cenários de governança: o caso da direção-geral de educação e cultura da comissão europeia". In: *Educação e Sociedade*, vol. 37, n. 136, set./2016, p. 707-726.

GRIMALDI, E.; SERPIERI, R. & TAGLIETTI, D. "Jogos da verdade: a nova gestão pública e a modernização do sistema educacional italiano". *Educação e Sociedade*, vol. 36, n. 132, jul.-set./2015, p. 759-778. Campinas.

GROUX, D. "L'éducation comparée: approches actuelles et perspectives de développement". In: *Revue Française de Pédagogie*, vol. 21, n. 121, 1997, p. 111-139. Rouen.

HARBISON, F.H. "Mão de obra e desenvolvimento econômico: problemas e estratégia". In: PEREIRA, L. (org.). *Desenvolvimento, trabalho e educação*. Rio de Janeiro: Zahar, 1967, p. 151-165.

HARVEY, D. *Condição pós-moderna* – Uma pesquisa sobre as origens da mudança cultural. São Paulo: Loyola, 1994.

HEILBRONER, R.L. *A luta pelo desenvolvimento*. Rio de Janeiro: Zahar, 1964.

HINKELAMMERT, F. *La vida o el capital: el grito del sujeto vivo y corporal frente a la ley del mercado* – Antología esencial. Buenos Aires: Alas/Clacso, 2017.

HULTQVIST, K. "A history of the present on children's welfare in Sweden". In: POPKEWITZ, T.S. & BRENNAN, M. (orgs.). *Foucault's challenge*: Discourse, Knowledge, and power in education. Nova York: Teachers College Press, 1998, p. 91-117.

IANNI, O. *A era do globalismo*. 3. ed. Rio de Janeiro: Civilização Brasileira, 1997.

_____. *Estado e planejamento econômico no Brasil*. 3. ed. Rio de Janeiro: Civilização Brasileira, 1979.

INSTITUTO BRASILEIRO DE GEOGRAFIA E ESTATÍSTICA (IBGE). *Censo Demográfico*, 2010.

INEP/MEC. *Censo da Educação Superior*, out./2011. Brasília.

ITURRIZA LÓPEZ, R. "Pátria grande: a direita na mudança de época". In: *Revista Caros Amigos*, jul./2016.

KUENZER, A.Z. "Desafios teórico-metodológicos da relação trabalho-educação e o papel social da escola". In: FRIGOTTO, G. (org.). *Educação e crise do trabalho*: perspectivas de final de século. Petrópolis: Vozes, 1998. p. 55-75.

LACLAU, E. & MOUFFE, C. *Hegemony and socialist strategy*: Towards a radical democratic politics. Londres: Verso, 1985.

LANGONI, C.G. *A economia da transformação*. Rio de Janeiro: José Olympio, 1975.

_____. *As causas do crescimento econômico do Brasil*. Rio de Janeiro: Apec, 1974.

LATOUR, B. "A Europa como refúgio". In: GEISELBERGER, H. (org.). *A grande regressão* – Um debate internacional sobre os novos populismos e como enfrentá-los. São Paulo: Estação Liberdade, 2019, p. 135-148.

_____. "Visualization and cognition: Thinking with eyes and hands. In: *Knowledge and society*: Studies in the sociology of culture past and present, vol. 6, 1986, p. 1-40. Londres.

LAUGLO, J. "Crítica às prioridades e estratégias do Banco Mundial para educação". In: *Cadernos de Pesquisa*, n. 100, 1997, p. 11-36. São Paulo.

LAVAL, C. *A escola não é empresa* – O neoliberalismo em ataque ao ensino público. Londrina: Planta, 2004.

LEITE, M.P. "Qualificação, desemprego e empregabilidade". In: *São Paulo em Perspectiva*, vol. 11, n. 1, jan.-mar./1997, p. 64-69. São Paulo: Seade.

LENHARDT, G. & OFFE, C. "Teorias do Estado e políticas sociais". In: OFFE, C. *Problemas estruturais do Estado capitalista*. Rio de Janeiro: Tempo Brasileiro, 1984.

LESSARD, C. "L'obligation de resultats en éducation: de quoi s'agit-il? – Le contexte québécois d'une demande sociale, une rhétorique du changement et une extension de la recherche". In: LESSARD, C. & MEIRIEU, P. *L'obligation de resultats en éducation*. Montréal: La Presses de L'Université Laval, 2004, p. 23-48.

LINDBLAD, S. & POPKEWITZ, T. (ed.). *Educational Restructuring*: International Perspectives on Traveling Policies. Charlotte: Information Age Publishing, 2004.

LUNDGREN, U.P. "Pisa como instrumento político: la historia detrás de la creación del programa Pisa". In: *Profesorado* – Revista de currículum y formación del profesorado, vol. 17, n. 2, mai.-ago./2013. Granada.

MACHADO, L.R.S. "Educação básica, empregabilidade e competência". In: *Trabalho e Educação*, n. 3, jan.-jul./1998, p. 15-31. Belo Horizonte: Nete/FAE-UFMG.

MARINI, R.M. "Las crisis del desarrollismo". In: MARINI, R.M. & MILLAN. M. *La teoría social latinoamericana*: subdesarrollo y dependencia. México: El Caballito, 1994, p. 135-154.

MAROY, C. "Convergências e divergências dos modos de regulação numa perspectiva europeia". In: BARROSO, J. (org.). *A regulação das políticas públicas de educação*: espaços, dinâmicas e actores. Lisboa: Educa, 2006, p. 227-244.

MARX, K. *O capital*. São Paulo: Abril, 1983.

_____. *Capítulo VI inédito de* O capital: resultados do processo de produção imediata. São Paulo: Moraes, 1969.

MASON, P. "Vencendo o medo da liberdade". In: GEISELBERGER, H. (org.). *A grande regressão* – Um debate internacional sobre os novos populismos e como enfrentá-los. São Paulo: Estação Liberdade, 2019, p. 149-174.

MENDES, V.L.P.S. & TEIXEIRA, F.L.C. "O novo gerencialismo e os desafios para a administração pública". In: *Encontro anual da Associação Nacional dos Programas de Pós-graduação*, 24 [Anais eletrônicos]. Anpad, 2000 [Disponível em http://www.anpad.org.br/admin/pdf/enanpad2000-adp-341. pdf – Acesso em 21/09/2017].

MILLS, W. "Educação e classe social". In: PEREIRA, L. & FORACCI, M.M. In: *Educação e sociedade*: leituras de sociologia da educação. 13. ed. São Paulo: Nacional, 1987, p. 268-286.

MIRANDA G.V. "Human Resource Development and Female Labour Force Participation in Brazil". In: STREETEN P. & MAIER H. (eds.). *Human Resources, Employment and Development*: Concepts, Measurement and Long-Run Perspective. Londres: Palgrave Macmillan, 1983 [International Economic Association Series, vol. 2].

MISHRA, P. "A política na era do ressentimento – O tenebroso legado do iluminismo". In: GEISELBERGER, H. (org.). *A grande regressão* – Um debate internacional sobre os novos populismos e como enfrentá-los. São Paulo: Estação Liberdade, 2019, p. 175-196.

MOTTA, V.C. *Ideologia do capital social* – Atribuindo uma face mais humana ao capital. Rio de Janeiro: Eduerj, 2012.

NASCIMENTO, M.L.O. & CRUZ, R.E. "Financiamento e gestão do Pronatec: o público e o privado na política de educação profissional". In: *Fineduca* – Revista de Financiamento da Educação, vol. 6, n. 11, 2016. Porto Alegre.

NEWMAN, J. & CLARKE, J. Gerencialismo. In: *Educ. Real.*, vol. 37, n. 2, mai.-ago./2012, p. 353-381. Porto Alegre.

NORMAND, R. "Mercado, performance, accountability – Duas décadas de retórica reaccionária na educação". In: *Rev. Lusófona de Educação*, n. 11, 2008, p. 49-76.

OECD/CERI. *New Challenges for Educational Research*. Paris: Oecd, 2003 [Disponível em www.ocde.org – Acesso em 17/03/2020].

OLIVA, A.M. *As bases do novo desenvolvimentismo* – Análise do Governo Lula. Campinas: Unicamp, 2010 [Tese de doutorado].

OLIVEIRA, D.A. "A reestruturação da profissão docente no contexto da nova gestão pública na América Latina". In: *Revista Faeba* – Ed. e Contemp., vol. 27, n. 53, set.-dez./2018, p. 43-59. Salvador.

_____. "Nova gestão pública e governos democrático-populares: contradições entre a busca da eficiência e a ampliação do direito à educação". *Educação e* Sociedade, vol. 36, n. 132, jul.-set./2015, p. 625-646. Campinas.

_____. "As políticas educacionais no Governo Lula: rupturas e permanências". In: *RBPAE*, vol. 25, n. 2, mai.-ago./2009, p. 197-209.

_____. *Educação básica*: gestão do trabalho e da pobreza. Petrópolis, Vozes, 2000.

_____. *As OLT entre a ruptura e o consentimento*: a dimensão educativa das lutas autônomas. Belo Horizonte: UFMG, 1992 [Dissertação de mestrado].

OSORIO, J. "Fuentes e tendencias de la teoría de la dependencia". In: MARINI, R.M. & MILLAN, M. *La teoría social latinoamericana*: subdesarrollo y dependencia. México: El Caballito, 1994, p. 157-178.

OSPINA, D.E.R. "Capital humano: una visión desde la teoría crítica". In: *Cad. Ebape.BR*, vol. 13, n. 2, abr.-jun./2015. Rio de Janeiro.

PASTORE, J. *Desigualdade e mobilidade social no Brasil*. São Paulo: T.A. Queiroz/Edusp, 1979.

PEREIRA, L. (org.). *Desenvolvimento, trabalho e educação*. Rio de Janeiro: Zahar, 1974.

PEREIRA, L. & FORACCI, M. *Educação e sociedade*: leituras de sociologia da educação. 13. ed. São Paulo: Nacional, 1987.

PIKETTY, T. *O capital no século XXI*. Rio de Janeiro: Intrínseca, 2014.

PNUD. *Relatório de Desenvolvimento Humano 2010* – A verdadeira riqueza das nações: vias para o desenvolvimento humano [Disponível em http://www.pnud.org.br/hdr/arquivos/RDHglobais/PNUD_HDR_2010.pdf – Acesso em mai./2015].

_____. *Atlas do Desenvolvimento Humano no Brasil 2013* [Disponível em: http://www.pnud.org.br/arquivos/idhm-do-brasil.pdf – Acesso em mai./2015].

_____. *Relatório do Desenvolvimento Humano no Brasil*. Rio de Janeiro/Brasília: Ipea/Pnud, 1996.

_____. *Relatório do Desenvolvimento Humano*. Lisboa: Pnud/Tricontinental, 1996.

POCHMANN, M. "Políticas públicas e situação social na primeira década do século XXI". In: SADER, E. (org.). *10 anos de governos pós-neoliberais no Brasil*: Lula e Dilma. São Paulo/Rio de Janeiro: Boitempo/ Flacso, 2013.

POCHMANN, M.; BARRETO, R.M. & MENDONÇA, S.E.A. "Ação sindical no Brasil: transformações e perspectivas". In: *São Paulo em Perspectiva*, vol. 12, n. 1, jan.-mar./1998, p. 10-23. São Paulo: Seade.

POPKEWITZ, T.S. *The Impracticality of Practical Research*: A History of Contemporary Sciences of Change That Conserve. Ann Arbor, MI: University of Michigan Press, 2020.

_____. "Historia transnacional y comparada – Pensando en el yo y en los otros". In: *Historia de la Educación* – Revista Interuniversitaria, n. 36, 2017, p.189-205.

_____. *Inventing the modern self and John Dewey*: Modernities and the traveling of pragmatism in education. Nova York: Palgrave Macmillan, 2005.

_____. "Imaginarios nacionales, el extranjero indígena y el poder – Investigación en educación comparada". In: SHRIEWER, J. (coord.). *Formación del discurso en la educación comparada*. [Espanha]: Pomares-Corredor, 2002.

POPKEWITZ, T. & LINDBLAD, S. "A fundamentação estatística, o governo da educação e a inclusão e exclusão sociais". In: *Educação e Sociedade*, vol. 37, n. 136, 2016, p. 707-726. Campinas.

POPKEWITZ, T.S.; PETTERSSON, D. & HSIAO, K.-J. (eds.). *The post-World War Two international educational sciences*: Quantification, visualization, and making kinds of people. Nova York: Routledge [no prelo].

PORFÍRIO, L.C. "A externalização como categoria de análise para o campo educacional". In: *Cadernos de Estudos Culturais*, vol. 1, jan.-jun./2018, p. 43-58. Campo Grande.

PREBISCH, R. "La industrialización de América Latina". In: MARINI, R.M. & MILLAN, M. (orgs.). *La teoría social latinoamericana*: de los origenes a la Cepal. México: Cela-Unam, 1994, p. 225-256.

PUIGGRÓS, A. "Avatares e restrições do direito à educação na América Latina". In: *Docencia*, ano 15, n. 40, mai./2010. Santiago do Chile.

_____. "Las alternativas cambian con el tiempo". In: PUIGGRÓS, A. *De Simón Rodríguez A Paulo Freire*: educación para la integración iberoamericana. Buenos Aires: Colihue, 2010.

QUIJANO, A. "A colonialidade do saber". In: LANDER, E. (org.). *Eurocentrismo e ciências sociais*: perspectivas latino-americanas. Buenos Aires: Clacso, 2005.

RIZVI, F. & LINGARD, B. "A Ocde e as mudanças globais nas políticas de educação". In: COHEN, R.; KAZAMIAS, A.M. & ULTERHALTER, E. (orgs.). *Educação comparada*: panorama internacional e perspectivas. Vol. 1. Brasília: Unesco/Capes, 2012.

ROBERTSON, S. "Market Multilateralism, the World Bank Group and the Asymmetries of Globalising Higher Education: Toward a Critical Political Economy Analysis". In: BASSETT, R. & MALDONADO, A. (orgs.). *Thinking Globally, Acting Locally*. Londres/Nova York: Routledge, 2009.

ROOS, C. "The use of Human Capital for Good Governance". In: *ISS-FHR*, jun./2008. Paramaribo.

RUIZ, G.R. & ACOSTA, F. "La educación comparada en América Latina: tradiciones históricas, circulación de temas, perspectivas y usos contemporáneos de la comparación en los estudios pedagógicos". In: *Revista Educação, Sociedade e Culturas*, n. 51, 2017, p. 57-75. Porto.

SALAMA, P. & VALIER. *Pobrezas e desigualdades no Terceiro Mundo*. São Paulo: Nobel, 1997.

SALM, C.L. *Escola e trabalho*. São Paulo: Brasiliense, 1980.

SALM, C.L. et al. *Política de emprego*. Rio de Janeiro: Instituto Euvaldo Lodi/Uerj, 1982.

SAID, E.W. *Orientalismo* – O Oriente como invenção do Ocidente. São Paulo: Companhia das Letras, 2007.

SALOKANGAS, M. & KAUKO, J. "Tomar de empréstimo o sucesso finlandês no Pisa? – Algumas reflexões críticas da perspectiva de quem faz este empréstimo". In: *Educação e Pesquisa*, vol. 41, n. esp., dez./2015, p. 1.353-1.365. São Paulo.

SASSEN, S. *Expulsiones*: brutalidade y complejidad em la economía global. Buenos Aires: Katz, 2015.

SCHULTZ, T.W. "Custos da educação". In: PEREIRA, L. (org.). *Desenvolvimento, trabalho e educação*. Rio de Janeiro: Zahar, 1967.

SCOTT, D. "Pisa, comparaciones internacionales, paradojas epistémicas". In: *Profesorado* – Revista de currículum y formación del profesorado, vol. 17, n. 2, mai.-ago./2013. Granada.

SHRIEWER, J. "Sistema mundial y redes de interrelación: la internacionalización de la educación y el papel de la investigación comparada". In: CARUSO, M.R. (comp.). *Internacionalización, políticas educativas y reflexión pedagógica en un medio global*. Buenos Aires: Granica, 2011.

SIMONSEN, M.H. *Ensaios sobre economia e política econômica*: 1964-1969. Rio de Janeiro: Apec, 1971.

SIMONSEN, R.C. *Evolução industrial no Brasil e outros estudos*. São Paulo: Nacional/Edusp, 1973 [Coleção Brasiliana, vol. 349].

SOBE, N.W. "El viaje, las ciencias sociales y la formación de las naciones en la educación comparada de principios del siglo XIX". In: CARUSO, M.R. (comp.). *Internacionalización* – Políticas educativas y reflexión pedagógica en un medio global. Buenos Aires: Granica, 2011.

STAVENHAGEN, R. "Estratificação social e estrutura de classe". In: BERTELLI, A.R.; PALMEIRA, M.G.S. & VELHO, O.G.C.A. (orgs.). *Estrutura de classes e estratificação social*. 4. ed. Rio de Janeiro: Zahar, 1973, p. 133-170.

STEINER-KHAMSI, G. "New directions in policy borrowing research". In: *Asia Pacific Educ. Rev.*, vol. 17, 2016, p. 381-390. Singapura.

THWAITES REY, M. "Después de la globalización neoliberal: ¿Qué Estado em América Latina?". In: *Osal*, ano 11, n. 27, abr./2010. Buenos Aires: Clacso.

UGARTE, M.B. *La pátria grande*. [s.l.]: La Casa de las Palabras, 2020.

UNESCO. *Situación educativa de América Latina y el Caribe* – Garantizando la educación de calidad para todos. Santiago: Prelac/Oreal/Unesco, 2007.

VERGER, A. "A política educacional global: conceitos e marcos teóricos-chave". *Revista Práxis Educativa*, vol. 14, n. 1, jan.-abr./2019. Ponta Grossa.

VERGER, A. & NORMAND, R. "Nueva gestión pública y educación – Elementos teóricos y conceptuales para el estudio de un modelo de reforma educativa global". In: *Educação e Sociedade*, vol. 36, n. 132, jul.-set./2015. Campinas.

VICTORIANO SERRANO, F. "Estado, golpes de Estado y militarización en América Latina: una reflexión histórico-política". In: *Argumentos*, vol. 23, n. 64, set.-dez./2010, p. 175-193. Cidade do México.

VILLANI, M. & OLIVEIRA, D.A. "Avaliação nacional e internacional no Brasil: os vínculos entre o Pisa e o Ideb". In: *Educação & Realidade*, vol. 43, n. 4, out.-dez./2018, p. 1.343-1.362.

VIRURU, R. "Postcolonial Technologies of Power: Standardized Testing and Representing Diverse Young Children". In: *International Journal of Educational Policy, Research and Practice*: Reconceptualizing Childhood Studies, vol. 7, n. 1, 2006, p. 49-70. São Francisco.

Índice

Sumário, 7

Prefácio, 9

Introdução, 17

1 A teoria do capital humano e seus desdobramentos no Brasil, 23

    1.1 As ideias cepalinas e o nacional-desenvolvimentismo, 30

    1.2 Educação e desenvolvimento econômico, 36

    1.3 Mobilidade social e teoria do capital humano, 38

2 A teoria do capital humano na pesquisa em educação no Brasil, 42

    2.1 A recepção da teoria do capital humano nas relações entre educação e economia, 42

    2.2 A teoria do capital humano no cerne da relação educação e trabalho, 46

    2.3 A empregabilidade como desdobramento da teoria do capital humano, 48

    2.4 A vigência da teoria do capital humano na agenda de pesquisa em educação no século XXI, 53

3 A teoria do capital humano e sua difusão pelos organismos internacionais – O Pisa como tecnologia de poder, 59

    3.1 Os organismos internacionais e a agenda da educação no século XXI, 67

    3.2 A circulação de políticas em âmbito internacional e a recepção local: o protagonismo atual da Ocde, 74

    3.3 O Brasil na Ocde e no Pisa, 76

    3.4 O Pisa para Escolas, 78

    3.5 O Pisa como expressão da teoria do capital humano na agenda educacional atual, 79

4 A teoria do capital humano e a nova gestão pública no contexto brasileiro, 86

    4.1 As políticas de avaliação: aperfeiçoamento e alinhamento internacional, 92

    4.2 A centralidade da avaliação e a busca de justiça social, 96

    4.3 A educação no Brasil depois de 2016, 101

5 Da promessa de futuro à suspensão do presente – Notas conclusivas, 105

    5.1 A especificidade latino-americana e brasileira, 110

Referências, 113

Série **Manuais Acadêmicos**

- *Psicologia social*
  Aroldo Rodrigues; Eveline Maria Leal Assmar e Bernardo Jablonski
- *Prática de texto para estudantes universitários*
  Carlos Alberto Faraco e Cristovão Tezza
- *Oficina de texto*
  Carlos Alberto Faraco e Cristovão Tezza
- *Pesquisa social – Teoria, método e criatividade*
  Maria Cecília de Souza Minayo (org.); Suely Ferreira Deslandes e Romeu Gomes
- *Os Fundamentos da Psicologia Analítica (The Tavistock Lectures)*
  C.G. Jung
- *Da promessa de futuro à suspensão do presente: a teoria do Capital Humano e o Pisa na educação brasileira*
  Dalila Andrade Oliveira

CULTURAL
Administração
Antropologia
Biografias
Comunicação
Dinâmicas e Jogos
Ecologia e Meio Ambiente
Educação e Pedagogia
Filosofia
História
Letras e Literatura
Obras de referência
Política
Psicologia
Saúde e Nutrição
Serviço Social e Trabalho
Sociologia

CATEQUÉTICO PASTORAL
Catequese
  Geral
  Crisma
  Primeira Eucaristia

Pastoral
  Geral
  Sacramental
  Familiar
  Social
  Ensino Religioso Escolar

TEOLÓGICO ESPIRITUAL
Biografias
Devocionários
Espiritualidade e Mística
Espiritualidade Mariana
Franciscanismo
Autoconhecimento
Liturgia
Obras de referência
Sagrada Escritura e Livros Apócrifos

Teologia
  Bíblica
  Histórica
  Prática
  Sistemática

VOZES NOBILIS
Uma linha editorial especial, com importantes autores, alto valor agregado e qualidade superior.

REVISTAS
Concilium
Estudos Bíblicos
Grande Sinal
REB (Revista Eclesiástica Brasileira)

VOZES DE BOLSO
Obras clássicas de Ciências Humanas em formato de bolso.

PRODUTOS SAZONAIS
Folhinha do Sagrado Coração de Jesus
Calendário de mesa do Sagrado Coração de Jesus
Agenda do Sagrado Coração de Jesus
Almanaque Santo Antônio
Agendinha
Diário Vozes
Meditações para o dia a dia
Encontro diário com Deus
Guia Litúrgico

CADASTRE-SE
www.vozes.com.br

EDITORA VOZES LTDA.
Rua Frei Luís, 100 – Centro – Cep 25689-900 – Petrópolis, RJ
Tel.: (24) 2233-9000 – Fax: (24) 2231-4676 – E-mail: vendas@vozes.com.br

UNIDADES NO BRASIL: Belo Horizonte, MG – Brasília, DF – Campinas, SP – Cuiabá, MT
Curitiba, PR – Fortaleza, CE – Goiânia, GO – Juiz de Fora, MG
Manaus, AM – Petrópolis, RJ – Porto Alegre, RS – Recife, PE – Rio de Janeiro, RJ
Salvador, BA – São Paulo, SP